ゲーム理論
ワークブック

岡田　章 (監修・著)

加茂知幸
三上和彦
宮川敏治 (著)

●●● はじめに ●●●

● **本書の特徴**

　本書は，はじめてゲーム理論を学ぼうとする方々を対象とした演習書である。ゲーム理論は，プレイヤー間で利害が相互に影響を及ぼしあう状況，いわゆる「戦略的状況」における意思決定を扱う理論である。本書に収録したさまざまな問題を実際に自分の手で解くことで，読者が，ゲーム理論への理解を深めるとともに，現実の戦略的状況でもゲーム理論的な思考を実践できるようになることを期待している。

　本書の特徴は以下の通りである。

⑴　ゲーム理論の基本的なロジックを理解し応用できる

　　ゲーム理論は他の学問と同様に論理一貫した体系を持っている。初学者を対象とする本書では，ゲーム理論の体系を段階的に理解し，さらにどのような場面でゲーム理論を使うことができるのかがわかるように，多くの応用問題を配列している。

⑵　幅広いトピックを学べる

　　初学者向けのテキストでは，扱うトピックを絞る傾向にある。もちろん，それは初学者が混乱しないための配慮であるが，ゲーム理論が対象とするトピックは幅広く，また，興味深いものも多くある。本書は，読者の多様な関心にできる限り応えられるように，現代のゲーム理論の主要トピックをバランスよく網羅している。

⑶　自学自習が可能である

　　ゲーム理論を理解するには，講義で理論の解説を受け，その理解を深める，あるいは応用するために演習クラスなどで適切な指導を受けるのが理想である。演習クラスでは，受講者の理解度に応じて詳しく解説したり，時には，答えだけを提示して受講者に解かせるといったことが行われる。本書に収録した問題には，詳細な解説と解答を付けたものや，単に解答だけを付けているものがある。さらに，さまざまな難易度の問題を配置している。理解の程度に応じて読み進めていけば，独学であっ

『ゲーム理論・入門』との関係

『ゲーム理論・入門』		『ゲーム理論ワークブック』
第1章　ゲーム理論とは何だろうか？		
第2章　選択と意思決定	⇔	第1章　選択と意思決定
第3章　戦略ゲーム		
第4章　ナッシュ均衡点	⇔	第2章　戦略ゲームとナッシュ均衡点
第5章　利害の対立と協力		
第6章　ダイナミックなゲーム	⇔	第3章　ダイナミックなゲーム
第7章　繰り返しゲーム	⇔	第4章　繰り返しゲーム
第8章　不確実な相手とのゲーム	⇔	第5章　不確実な相手とのゲーム
第9章　交渉ゲーム	⇔	第6章　交渉ゲーム
第10章　グループ形成と利得分配	⇔	第7章　グループ形成と利得分配
第11章　進化ゲーム	⇔	第8章　進化ゲーム
第12章　ゲーム実験		

ても演習クラスを受講するのと同じ効果を得ることができる。

　本書は主に，岡田章(2014)『ゲーム理論・入門（新版）』(有斐閣アルマ；以下，『入門』)とともに利用されることを想定している。そのため本書の章立ては，基本的に『入門』の章立てに沿った構成となっている。
　ただし，『入門』の第3章「戦略ゲーム」，第4章「ナッシュ均衡点」，第5章「利害の対立と協力」の内容は，いずれも戦略形ゲームを扱ったものであるため，本書では第2章「戦略ゲームとナッシュ均衡点」として，まとめて取り扱っている。また，『入門』の第12章で扱われている「ゲーム実験」については，本書では一部の章末に「実験してみよう」というコーナーを設けて，実際の実験方法を紹介することにした。

● **各章の構成**
　各章は，要点整理，理解度チェック，演習問題，練習問題で構成されている。
　要点整理では，各章で扱われる重要な用語や概念を簡潔に説明している。問題を解く際に，用語や概念の定義を確認したい場合は，その都度ここを読み直してほしい。ただし，ここでは必要最低限の説明しかしていないので，ここを

読んで理解が不十分だと感じたときは『入門』で，さらに詳しく確認することをおすすめする。

　理解度チェックは，穴埋め形式や，一問一答の形式で解答できる形の，とくに基礎的な問題を配置した。基礎的な知識が身についているかどうかを確認するために，演習問題に取り組む前に，できればすべての問題を解いてみてほしい。

　演習問題は，本書の中心となるパートであり，各章のテーマに沿った問題と，それに対するヒント，詳細な解答が与えられている。問題と解答を並列させることで，ゲーム理論の問題を実際に解くための手順や考え方がわかるようになっている。演習問題については，与えられている解答をすぐに見るのではなく，まず，問題文をよく読んで自分で答えを考えることを試してみてほしい。どうしても解答への糸口をみつけられない場合はヒントを見てもう一度考え，何らかの答えを自分で用意した後に，解答を確認することを読者に望みたい。まずは自分で考えてみることで，ゲーム理論の問題を解く真の力が身につくはずである。問題に関連するトピックや，より詳細なトピックについては，「コメント」というコーナーを設け，適宜解説している。また，演習問題の中でも，ぜひ取り組んでほしい基本的な問題には，タイトルの横に「*」印を付けた。最初に取り組むときや，時間に余裕がない際には，まず「*」印の付いた問題から始めていくといいだろう。

　練習問題は，演習問題を終えた読者を対象としたパートである。解答が並列されていない練習問題を解くことで，より理解を深められるはずである。ここでも，演習問題と同様，基本的な問題には「*」印を付けた。なお，練習問題には難易度の高い問題も含まれているが，解き方，考え方を身につけたうえで，ぜひ挑戦してほしい。

　また，練習問題の解答・解説は，下記で案内している本書のサポート・ウェブサイトに掲載したので，自分で問題に挑戦したうえで活用してほしい。

● 本書のサポート・ウェブサイト

　以下の本書のサポート・ウェブサイトではさまざまなウェブ資料・付録を提供している。

http://yuhikaku-nibu.txt-nifty.com/blog/2015/10/post-ecfd.html
（「付加データ　ゲーム理論ワークブック」で検索）

このサイトでは，

- 練習問題の解答・解説
- より高いレベルの問題を望む読者や，もっと多くの問題を解いてみたい読者に向けた追加の練習問題

などを提供している。

● 謝　　辞

　草稿段階から，新井泰弘先生，市野泰和先生，今井晴雄先生，岩井尚希様，川上敏和先生，清滝ふみ先生，小西秀樹先生，白田康洋先生，武岡則男先生，土橋俊寛先生，福住多一先生，堀一三先生，和光純先生には，授業やゼミなどで実際にご利用いただき，誤りの指摘，内容の改善を提案していただきました。また，大阪経済大学宮川ゼミナール（2013 年 2 回生）の皆さん，およびゲーム理論勉強会（甲南大学）に参加してくれた学生の皆さんからは，読者としての立場からのコメントもいただきました。これまでに大阪経済大学，京都産業大学，甲南大学，一橋大学でゲーム理論に関する授業に出席した多くの学生の皆さんは，質問などを通じて筆者らを励ましてくれました。以上の方々に，深くお礼申し上げます。

　最後に，有斐閣の尾崎大輔氏には，筆者らが，東京，京都，大阪，神戸と離れているなか，本書の企画段階から調整，原稿編集について大変お世話になりました。この場をお借りして感謝申し上げます。

2015 年 10 月

著　者　一　同

●●● 本書をお使いになる先生方へ ●●●

　大学の授業やゼミで本書をお使いになる先生方へ，本書やウェブ付録に掲載していない，小テストや定期試験等でご利用頂けるようなさまざまな問題を，別途用意しています。この問題集をご希望の方は，以下の有斐閣書籍編集第2部宛メールアドレスまで，ご連絡ください。

- お申込み先メールアドレス：sho2@yuhikaku.co.jp

　件名を「ゲーム理論ワークブック問題集希望」として頂き，メール内に

- お名前
- ご連絡先
- ご所属
- 資料送付先のご住所（原則ご所属先）
- ご採用授業の名称

を明記のうえ，お申込みください。データ，またはハードコピーをお送りいたします。問題集の見本のご要望，その他お問い合わせも，上記のメールアドレスにて承ります。

●●● 著者紹介 ●●●

岡田　章（おかだ・あきら）　【監修・著】
　　1982 年，東京工業大学大学院総合理工学研究科博士課程修了
　　現　在，一橋大学名誉教授，理学博士
　　主　著：『ゲーム理論』有斐閣，初版 1996 年，新版 2011 年，第 3 版 2021 年。『ゲーム理論・入門――人間社会の理解のために』有斐閣アルマ，初版 2008 年，新版 2014 年。『国際関係から学ぶゲーム理論』有斐閣，2020 年。

加茂　知幸（かも・ともゆき）
　　2001 年，同志社大学大学院経済学研究科博士後期課程単位取得退学
　　現　在，京都産業大学経済学部教授
　　主　著："Vetoer and Tie-Making Group Theorems for Indifference-Transitive Aggregation Rules," (with Jun Iritani, Ryo-ichi Nagahisa) *Social Choice and Wefare*, **40** (1): 155-171, 2013. 「非循環的社会的厚生関数の諸性質」（入谷純と共著）『国民経済雑誌』第 201 巻 4 号：17-28, 2010 年。

三上　和彦（みかみ・かずひこ）
　　2001 年，ボストン大学経済学部博士課程修了
　　現　在，甲南大学経営学部教授，Ph. D.（経済学）
　　主　著：「市場の創造――Coase（1937）の再検討」甲南大学経営学会編『経営学の伝統と革新』千倉書房，2010 年。"Bargaining Equilibrium with Complexity,"『甲南経営研究』第 52 巻 2 号：21-49, 2011 年。

宮川　敏治（みやかわ・としじ）
　　1998 年，関西学院大学大学院経済学研究科博士課程単位取得退学
　　現　在，甲南大学経済学部教授，博士（経済学）
　　主　著："Existence and Efficiency of a Stationary Subgame-Perfect Equilibrium in Coalitional Bargaining Models with Nonsuperadditive Payoffs," *Economic Theory*, **39** (2): 291-306, 2009. "Barriers to Global Free Trade through Bilateral Agreements," (with Fumi Kiyotaki) *Review of International Economics*, **21** (3): 536-548, 2013.

● ● ● 目　　次 ● ● ●

はじめに　　　　i
本書をお使いになる先生方へ　　　v
著者紹介　　　vi

第1章　選択と意思決定　　　1
 1 要点整理（1）
 2 理解度チェック（4）
 3 演習問題（7）
 4 練習問題（21）
 実験してみよう①（24）

第2章　戦略ゲームとナッシュ均衡点　　　27
 1 要点整理（27）
 2 理解度チェック（31）
 3 演習問題（37）
 4 練習問題（61）
 実験してみよう②（66）

第3章　ダイナミックなゲーム　　　69
 1 要点整理（69）
 2 理解度チェック（73）
 3 演習問題（78）
 4 練習問題（96）
 実験してみよう③（101）

第4章　繰り返しゲーム　　　103
 1 要点整理（103）
 2 理解度チェック（106）
 3 演習問題（111）
 4 練習問題（128）

第5章　不確実な相手とのゲーム　133

- 1　要点整理（133）
- 2　理解度チェック（135）
- 3　演習問題（140）
- 4　練習問題（163）

第6章　交渉ゲーム　169

- 1　要点整理（169）
- 2　理解度チェック（172）
- 3　演習問題（175）
- 4　練習問題（187）

実験してみよう④（190）

第7章　グループ形成と利得分配　191

- 1　要点整理（191）
- 2　理解度チェック（193）
- 3　演習問題（199）
- 4　練習問題（215）

第8章　進化ゲーム　219

- 1　要点整理（219）
- 2　理解度チェック（221）
- 3　演習問題（223）
- 4　練習問題（235）

Column
- ①　ベイズ推定（3）
- ②　アレのパラドックス（20）
- ③　オークションの種類（87）

Help
- ①　等比数列の和（15）
- ②　一様分布と期待値（161）
- ③　3人ゲームの配分の表現（198）

「理解度チェック」一覧

- 1.1　期待値と期待効用
- 1.2　条件付き確率
- 1.3　リスクに対する態度
- 1.4　確実性同値額とリスク・プレミアム
- 2.1　利得行列
- 2.2　支配戦略
- 2.3　最適応答とナッシュ均衡点
- 2.4　混合戦略ナッシュ均衡点
- 2.5　マックスミニ値
- 2.6　支配される戦略の逐次削除
- 2.7　弱支配戦略
- 2.8　パレート最適とナッシュ均衡点
- 3.1　展開形ゲームによる表現
- 3.2　展開形ゲームの性質
- 3.3　後向き帰納法
- 3.4　部分ゲーム
- 3.5　展開形ゲームにおける戦略
- 3.6　数えあげゲームと後向き帰納法
- 4.1　繰り返しゲームの戦略
- 4.2　割引総利得と割引平均利得
- 4.3　トリガー戦略
- 4.4　個人合理的利得
- 5.1　ベイジアン・ゲーム
- 5.2　ベイジアン均衡点
- 5.3　事後予想(信念)
- 5.4　シグナリング・ゲーム
- 5.5　非対称情報
- 5.6　逆選択
- 6.1　ナッシュの公理(1)
- 6.2　ルームシェア問題
- 6.3　ナッシュの公理(2)
- 6.4　最後通告ゲーム
- 7.1　ゼロ正規化
- 7.2　ベンチャー企業設立
- 7.3　シャープレイ値
- 7.4　市場ゲーム
- 7.5　マッチング
- 7.6　3人ゲームの配分
- 8.1　集団均衡
- 8.2　進化的に安定な戦略
- 8.3　位相図

「演習問題」一覧

- 1.1　サイコロの賭け*
- 1.2　選好と効用関数*
- 1.3　選好順序と効用*
- 1.4　期待効用とリスク態度*
- 1.5　カードゲーム
- 1.6　モンティ・ホール問題
- 2.1　出店ゲーム*
- 2.2　価格競争ゲーム*
- 2.3　硬貨合わせゲーム*
- 2.4　読者獲得ゲーム*
- 2.5　3×3ゲーム*
- 2.6　弱支配戦略と逐次削除
- 2.7　ミニマックス定理
- 2.8　相関戦略と相関均衡
- 3.1　小国と大国の争い*
- 3.2　ライバル雑誌の特集記事*
- 3.3　交互競り上げオークション*
- 3.4　少数決ゲーム*
- 3.5　公共財供給ゲーム*
- 3.6　前向き帰納法
- 4.1　トリガー戦略*
- 4.2　有限回繰り返し囚人のジレンマ*
- 4.3　塹壕戦*
- 4.4　ダイナミックな協調*
- 4.5　クールノー複占市場における協調*
- 4.6　暗黙の談合と課徴金
- 5.1　ベイジアン均衡点*
- 5.2　整合的な信念*
- 5.3　完全ベイジアン均衡点*
- 5.4　モラル・ハザード*
- 5.5　逆選択*
- 5.6　シグナリング・ゲーム*
- 5.7　第2価格オークション*
- 5.8　第1価格オークション
- 6.1　タクシー料金の分担*
- 6.2　雇用契約*
- 6.3　共同行動の交渉*
- 6.4　逐次交渉*
- 6.5　最後通告ゲームと混合戦略
- 7.1　3人対称ゲーム*
- 7.2　プロジェクトの収益の分配問題
- 7.3　市場ゲーム*
- 7.4　投票力とシャープレイ値*
- 7.5　マッチング*
- 7.6　非分割財の交換
- 8.1　協調ゲーム*

8.2　流行と進化ゲーム*
8.3　鹿狩りゲーム*

8.4　タカ‐ハト・ゲーム

「練習問題」一覧

1.1　確率と賭け*
1.2　期待値*
1.3　賭けと所持金*
1.4　プロジェクトへの投資*
1.5　留保価格*
1.6　ベイズ推定
1.7　サンクト・ペテルブルグのパラドックス
2.1　純戦略ナッシュ均衡点*
2.2　混合戦略ナッシュ均衡点*
2.3　軍拡競争*
2.4　携帯キャリア間の価格競争
2.5　クールノー競争*
2.6　ベルトラン競争*
2.7　差別化された製品の価格競争*
2.8　じゃんけんゲーム
2.9　支配される戦略と逐次削除
2.10　硬貨合わせゲーム
3.1　後向き帰納法*
3.2　部分ゲーム完全均衡点*
3.3　共有地の悲劇*
3.4　防衛ゲーム*
3.5　シュタッケルベルク競争*
3.6　イギリス式オークション*
3.7　オランダ式オークション*
3.8　コミットメントと誇示行動
3.9　混合戦略と行動戦略
4.1　非対称囚人のジレンマ*
4.2　クールノー複占市場ゲーム*
4.3　有限回繰り返しゲームと後向き帰納法*

4.4　成分ゲームのナッシュ均衡点*
4.5　贈り物ゲーム
4.6　ミニマックス利得
5.1　ベイジアン均衡点*
5.2　完全ベイジアン均衡点*
5.3　均衡の精緻化
5.4　最適価格設定*
5.5　シグナリング・ゲーム*
5.6　中古車市場とレモン
5.7　モラル・ハザード*
5.8　ポーカー・ゲーム
6.1　ナッシュ交渉解*
6.2　ベンチャー企業設立*
6.3　家事分担交渉
6.4　環境汚染と補償交渉*
6.5　リスク回避型選好
6.6　交換経済
6.7　有限回交渉ゲームの極限
6.8　交互提案ゲーム：定常戦略
7.1　コアとシャープレイ値*
7.2　3人対称ゲーム
7.3　市場ゲーム*
7.4　勝利提携とシャープレイ値*
7.5　滑走路建設の費用分担
7.6　マッチング*
7.7　ルームメイト問題
7.8　非分割財の取引
8.1　進化的安定戦略の導出*
8.2　進化的安定戦略とナッシュ均衡点*
8.3　非対称タカ‐ハト・ゲーム
8.4　売買交渉

本文イラスト：有留ハルカ

第1章

選択と意思決定

要点整理

●ねらい
ゲームのプレイヤーは，さまざまな不確実性に直面する。たとえば，相手がどんな行動をとるのかがわからない，どんなタイプのプレイヤーであるかがわからない……，などといった状況である。そのような不確実な状況で，自分の行動を決定するための「ものさし（尺度）」が期待効用である。この章では，期待効用を最大にするプレイヤーの意思決定問題の解き方を学ぶ。なお，はじめてゲーム理論を学ぶ読者は，第2章から読み始めてもよい。

1 要点整理

選好：ある選択対象に対する「好き嫌い」の関係を**選好関係**という。複数の選択対象を1位，2位，3位，……，と順位づけできるような選好関係のことを**選好順序**という。

効用関数：実数の大小関係によって選好順序を表現する関数のこと。また，効用関数のとる値のことを**効用**という。

確実な選択対象：確実に，ある1つの結果が定まる選択対象。

くじ：リスクを含む選択対象。結果の組と，それぞれの結果が実現する確率で表される。

期待効用：くじを選択したときに得られる効用の期待値。また，意思決定者が期待効用を最大にする選択対象を選ぶという考え方を，**期待効用仮説**という。

確実性同値額：くじの期待効用と等しい水準の効用が得られる確実な金額。

リスク・プレミアム：くじの賞金の期待値と確実性同値額の差。

リスクに対する態度：意思決定者のリスクに対する態度は，くじよりもくじの賞金の期待値に等しい金額が確実に得られる選択対象を好む**リスク回避型**，くじの賞金の期待値に等しい金額が確実に得られる選択対象よりもくじを好む**リスク愛好型**，くじの賞金の期待値に等しい金額が確実に得られる選択対象とくじを同程度に評価する**リスク中立型**に分類される。

確率：偶然性を含む出来事（事象）の起こりやすさの度合い。**確率モデル**は，起こりうるすべての結果の集合である**状態空間**または**標本空間**と，事象が起こる確率で与えられる。確率 P は次の3つの条件を満たす。

(1) どのような事象の確率も0以上である。[どんな事象 E についても $P(E) \geq 0$]

(2) 全事象（状態空間全体）の確率は1である。[$P(\Omega) = 1$]

(3) 2つの排反事象について加法性を満たす。[$E \cap F = \emptyset$ であるならば $P(E) + P(F) = P(E \cup F)$]

全事象 Ω，事象 E, F, $E \cap F$, $E \cup F$ の関係は，**図1.1** で表すことができる。

図1.1

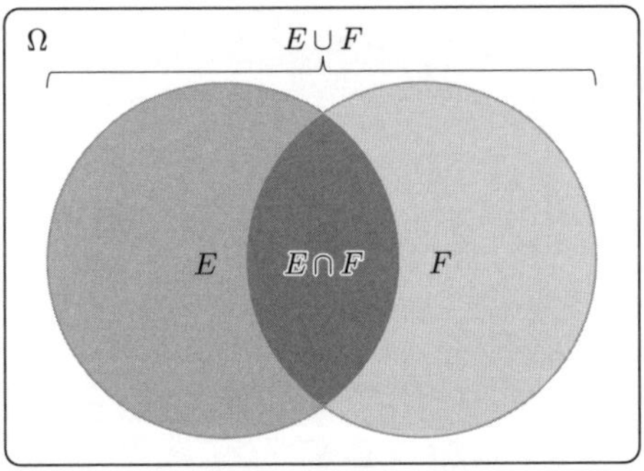

条件付き確率：ある事象 F が起きたという条件のもとで，他の事象 E が起きる確率。事象 E と事象 F に対して，$P(F) \neq 0$ のとき，F が与えられたときの E の条件付き確率 $P(E|F)$ は，

$$P(E|F) = \frac{P(E \cap F)}{P(F)}$$

で与えられる。ただし，$P(E \cap F)$ は，事象 E と事象 F が同時に起こる確率，$P(F)$ は事象 F が起こる確率である。**図1.1** を用いて説明するならば，条件付き確率 $P(E|F)$ とは，F を全事象とみなし，そのうえで濃い

Column ❶ ベイズ推定

ある病原菌に感染する確率は 1% である。この病原菌に対する検査試薬があり，感染しているなら 99% の確率で陽性反応が出るが，感染していなくても 9% の確率で陽性反応が出てしまうことが知られている（偽陽性）。それでは，検査結果が陽性であるときに感染している確率はいくらであろうか。これをベイズの定理を用いて計算してみよう。事象 E を「感染している」，事象 F を「陽性である」とすると，

$$P(E) = 0.01, \quad P(F|E) = 0.99$$

である。感染していなくても陽性反応が出ることを考慮して，

$$P(F) = 0.01 \times 0.99 + 0.99 \times 0.09 = 0.099$$

である。ベイズの定理より，

$$P(E|F) = \frac{P(F|E)P(E)}{P(F)} = \frac{0.99 \times 0.01}{0.099} = 0.1$$

である。すなわち，陽性反応が出た場合に感染している確率は 10% である（意外に低い!?）。

一般に，ある事象 E を原因として起きたと想定される事象を F とする。ただし原因 E は観測できないが，結果 F は観測できる。$P(E)$ は F を観測する前の原因 E の確率で，**事前確率**という。$P(E|F)$ は F を観測した後の原因 E の確率で，**事後確率**という。ベイズの定理より，F を観測したという条件のもとで E が起きている確率は $\frac{P(F|E)P(E)}{P(F)}$ で与えられる。このように，事後的に得た結果情報をふまえて，原因の確率を更新し，予測の精度を高めることができる。このような推計方法は**ベイズ推定**と呼ばれ，迷惑メールのフィルタリングなど現実のさまざまな場面で応用されている。

グレー部分 $(E \cap F)$ が起こる確率である。

ベイズの定理：条件付き確率について，以下の式が成り立つ。

$$P(E|F) = \frac{P(F|E)P(E)}{P(F)}$$

この式を，**ベイズの公式**という。

2 理解度チェック

チェック 1.1 ［期待値と期待効用］　　　　　　　　　　⇒ 演習 1.1, 1.3

以下を読み，空欄にあてはまる適切な数値を答えなさい。

　　福引き抽選機に 100 個の玉が入っている。40 個は赤玉で，60 個は白玉である。赤玉が出れば賞金 10,000 円，白玉が出ればハズレで 0 円である。赤玉が出る確率は ①　 であり，白玉が出る確率は ②　 である。このとき，この福引きの賞金の期待値は ③　 円である。効用関数が $u(x) = \sqrt{x}$ であるとすると，赤玉が出たときの効用は ④　，白玉が出たときの効用は ⑤　 である。したがって，この福引きの期待効用は ⑥　 である。

■解答：　① $\frac{2}{5}$，　② $\frac{3}{5}$，　③ 4,000，　④ $\sqrt{10,000} = 100$，　⑤ $\sqrt{0} = 0$，　⑥ $\frac{2}{5} \times \sqrt{10,000} + \frac{3}{5} \times 0 = 40$

チェック 1.2 ［条件付き確率］

以下を読み，空欄にあてはまる適切な数値を答えなさい。

　　サイコロを 2 回投げる。2 回の試行のうち，2 回とも同じ目が出る確率は ①　 であり，異なる目が出る確率は ②　 である。2 回とも 3 の目が出ない確率は ③　 であり，少なくとも 1 回は 3 の目が出る確率は ④　 である。出た目の最小値が 4 である確率は ⑤　 である。1 回目に偶数の目が出たとき，2 回の出た目の合計が 7 になる条件付き確率は ⑥　 である。

■解答：　① $\frac{1}{6}$，　② $\frac{5}{6}$，　③ $\frac{25}{36}$，　④ $\frac{11}{36}$，　⑤ $\frac{5}{36}$，　⑥ $\frac{1}{6}$

　■コメント：　①：1 回目は 1 から 6 のどの数字が出てもよい。2 回目に 1 回目と同じ数が出る場合を考えればよいので，その確率は $\frac{1}{6}$ である。②，④：余事象を考えるとよい。⑤：「出た目の最小値が 4」となるのは，「2 回とも出た目が 4 以上」の確率から「2 回とも出た目が 5 以上」の確率を差し引いたものである。

チェック 1.3 ［リスクに対する態度］　　　　　　　　　　⇒ 演習 1.3, 1.4

次の 3 つの効用関数を考える（ただし，$x \geqq 0$）。

　　　　(a) $u(x) = x$，　　(b) $u(x) = \sqrt{x}$，　　(c) $u(x) = x^2$

(1) 3つの効用関数のグラフの形状は，図 1.2 の(i), (ii), (iii)のうち，どれになるか。

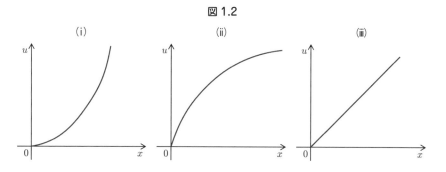

図 1.2

(2) 以下を読み，空欄にあてはまる適切な数値を答えなさい。次の 2 つのくじを考える。

P：確率 0.5 で 100 円もらえるか，確率 0.5 で何ももらえない。
Q：確実に 50 円もらえる。

P を選択したときの金額の期待値は $\boxed{1}$ である。Q を選択したときの金額の期待値は $\boxed{2}$ である。

効用関数が上記の(a)のとき，P の期待効用は $\boxed{3}$ である。Q の期待効用は $\boxed{4}$ である。効用関数が上記の(b)のとき，P の期待効用は $\boxed{5}$ である。Q の期待効用は $\boxed{6}$ である。効用関数が上記の(c)のとき，P の期待効用は $\boxed{7}$ である。Q の期待効用は $\boxed{8}$ である。

(3) リスク回避的な意思決定者は，Q の期待効用が P の期待効用より大きくなるような効用関数を持つ。この意思決定者は上記の(a), (b), (c)のうちどの効用関数を持つと考えられるか。

■解答： (1) (a)は(iii), (b)は(ii), (c)は(i)
(2) $\boxed{1}$ 50, $\boxed{2}$ 50, $\boxed{3}$ 50, $\boxed{4}$ 50, $\boxed{5}$ 5, $\boxed{6}$ $5\sqrt{2}$, $\boxed{7}$ 5000, $\boxed{8}$ 2500
(3) (b)

チェック 1.4 [確実性同値額とリスク・プレミアム] ⇒演習 1.4

以下を読み，空欄にあてはまる適切な数値を答えなさい。

　x 円に対する効用が $u(x) = \sqrt{x}$ であるとする。確率 50% で 10,000 円が当たる宝くじの期待値は $\boxed{1}$ 円であり，期待効用は $\boxed{2}$ である。ここで，期待効用と等しく $u(x) = \boxed{2}$ となるような x の値は $\boxed{3}$ である。すなわち，この宝くじをもらえるのと，（確実に）$\boxed{3}$ 円もらえるのとでは，同じ効用水準（満足度）である。$\boxed{3}$ 円をこの宝くじの確実性同値額という。この場合，リスク・プレミアムは $\boxed{4}$ 円である。

■解答： $\boxed{1}$ $0.5 \times 10,000 + 0.5 \times 0 = \mathbf{5{,}000}$, $\boxed{2}$ $0.5 \times \sqrt{10,000} + 0.5 \times \sqrt{0} = \mathbf{50}$, $\boxed{3}$ $\sqrt{x} = 50$ より $x = \mathbf{2{,}500}$, $\boxed{4}$ $5{,}000 - 2{,}500 = \mathbf{2{,}500}$

■コメント： この場合，賞金の期待値よりも確実性同値額のほうが小さくなっている。これは，リスクのあるくじよりも，金額が少なくても確実にもらえるほうが好ましいことを意味する。このような選好をリスク回避的という。図 1.3 の期待値 5,000 円と確実性同値額 2,500 円との差が，リスク・プレミアム 2,500 円である。

図 1.3

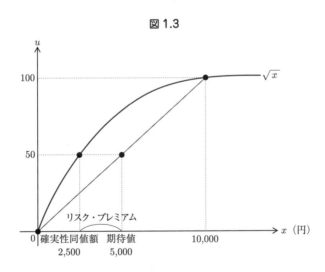

3 演習問題

演習 1.1 [サイコロの賭け*]

サイコロを 2 回投げて出た目の和を x とする（$2 \leq x \leq 12$）。x に賭けて，当たれば賞金 x 万円もらえるゲームを考える。

(1) $x = 3$ となる確率を求めなさい。
(2) $x = 4$ に賭けたときの賞金の期待値を求めなさい。
(3) 賞金の期待値が最大になる x の値を求めなさい。

■**ヒント**： (1) 出た目の合計が 3 となるのは，1 と 2 が 1 回ずつ出る場合である。
(2) まず，出た目の合計が 4 となる確率を求める。その確率に賞金額 4 万円を賭ければ，賞金の期待値が求められる。
(3) x の各値に対して賞金の期待値を計算して，その値を比較する。

■**解答**： サイコロの目の出方を，

$$(1 回目に出た目, 2 回目に出た目)$$

で表すことにする。目の出方は全部で $6 \times 6 = 36$ 通りある。

(1) 出た目の合計が 3 となるのは，

$$(1, 2), (2, 1)$$

の 2 通りであるから，その確率は，

$$\frac{2}{36} = \frac{1}{18}$$

$$\frac{1}{18} \quad \text{(答)}$$

(2) 出た目の合計が 4 となるのは,

$$(1,3),\ (2,2),\ (3,1)$$

の 3 通りあるので,その確率は $\frac{3}{36} = \frac{1}{12}$ である。ここから,賞金の期待値は,

$$\frac{1}{12} \times 4 + \frac{11}{12} \times 0 = \frac{1}{3}$$

$$\frac{1}{3}\text{万円} \quad \text{(答)}$$

(3) x の各値に対して賞金の期待値を計算すると次の表のようになる。

x	2	3	4	5	6	7	8	9	10	11	12
確率	$\frac{1}{36}$	$\frac{1}{18}$	$\frac{1}{12}$	$\frac{1}{9}$	$\frac{5}{36}$	$\frac{1}{6}$	$\frac{5}{36}$	$\frac{1}{9}$	$\frac{1}{12}$	$\frac{1}{18}$	$\frac{1}{36}$
期待値	$\frac{1}{18}$	$\frac{1}{6}$	$\frac{1}{3}$	$\frac{5}{9}$	$\frac{5}{6}$	$\frac{7}{6}$	$\frac{10}{9}$	1	$\frac{5}{6}$	$\frac{11}{18}$	$\frac{1}{3}$

表より,期待値が最大となるのは $x = 7$ である。

$$x = 7 \quad \text{(答)}$$

演習 1.2 [選好と効用関数*]

次の 3 つのくじを考える。

P：確率 1 で賞金 8 万円がもらえる。

Q：確率 0.6 で賞金 12 万円，確率 0.4 で賞金 2 万円がもらえる。

R：確率 0.5 で賞金 16 万円がもらえるが，確率 0.5 で賞金はもらえない。

くじの賞金 x 万円に対する効用を $u(x)$ とする。

(1) $u(x) = x$ のとき，くじ P, Q, R の選好順序を答えなさい。

(2) $u(x) = \sqrt{x}$ のとき，くじ P, Q, R の選好順序を答えなさい。

(3) $u(x) = x^2$ のとき，くじ P, Q, R の選好順序を答えなさい。

■ヒント： くじ P, Q, R の選好順序とは，各効用関数を持つ個人の 3 つのくじに対する好みの順序のことである。ここでは期待効用の値が大きいくじほど，個人にとって好ましいくじとなる。

(1) くじ P の期待効用は，(賞金 8 万円の確率) $\times u(8)$ となる。くじ Q の期待効用は，(賞金 12 万円の確率) $\times u(12)$ + (賞金 2 万円の確率) $\times u(2)$ となる。くじ R の期待効用は，(賞金 16 万円の確率) $\times u(16)$ + (賞金が 0 の確率) $\times u(0)$ となる。

(2) $u(x) = \sqrt{x}$ での期待効用を計算する際に $\sqrt{2} \doteqdot 1.4$, $\sqrt{3} \doteqdot 1.7$ を用いてもよい。

■解答： (1) 期待効用を計算すると，

$$P : 1 \times 8 = 8$$
$$Q : 0.6 \times 12 + 0.4 \times 2 = 8$$
$$R : 0.5 \times 16 + 0.5 \times 0 = 8$$

期待効用の値が等しいので，P, Q, R はすべて無差別である。

P, Q, R はすべて無差別　（答）

(2) 期待効用を計算すると，

$$P : 1 \times \sqrt{8} = 1 \times 2\sqrt{2} \fallingdotseq 2.8$$
$$Q : 0.6 \times \sqrt{12} + 0.4 \times \sqrt{2} = 0.6 \times 2\sqrt{3} + 0.4 \times \sqrt{2} \fallingdotseq 2.6$$
$$R : 0.5 \times \sqrt{16} + 0.5 \times \sqrt{0} = 2$$

である。期待効用は高い順に P, Q, R である。

P, Q, R の順に選好する （答）

(3) 期待効用を計算すると，
$$P : 1 \times 8^2 = 64$$
$$Q : 0.6 \times 12^2 + 0.4 \times 2^2 = 88$$
$$R : 0.5 \times 16^2 + 0.5 \times 0^2 = 128$$

となる。期待効用は高い順に R, Q, P である。

R, Q, P の順に選好する （答）

■コメント： 賞金額そのものが効用となる効用関数 $u(x) = x$ はリスク中立的な個人の選好を表す。賞金の期待値が等しいくじの場合，賞金の期待値に近い賞金を得る確率が大きいほど，リスクが小さいと考えることができる。ここでは，くじ P が最も安全なくじ，Q が次に安全なくじ，R が最も危険なくじとなる。効用関数 $u(x) = \sqrt{x}$ を持つ個人は，リスク回避的であり，賞金の期待値が等しいくじのうち，よりリスクの小さいくじを好む。効用関数 $u(x) = x^2$ を持つ個人は，リスク愛好的であり，賞金の期待値が等しいくじのうち，よりリスクの大きいくじを好む。

演習 1.3 [選好順序と効用*]

大学生のA君は，来年就職を控えてどんな会社を選べばよいか，悩んでいる。A君は，月給と趣味を楽しむ時間は多ければ多いほどいいと思っている。就職したときの月給と趣味の時間の組合せは，次の3つであるとする。

$a = (25万円, 10時間), \quad b = (20万円, 5時間), \quad c = (15万円, 0時間)$

(1) 3つの組合せに対するA君の選好順序を求めなさい。ここで，xがyより好きか，あるいはxとyを同じ程度に好きであるとき，$x \succsim y$と書く。

(2) (1)で求めたA君の選好順序は，3つの組合せに関して推移性を満たすかどうかを述べなさい。

(3) A君の選好順序を数値で表した効用関数として，適切なもの全部を以下の(i), (ii), (iii)から選びなさい。

  (i) $U(a) = 7, \quad U(b) = 2, \quad U(c) = 0$
  (ii) $U(a) = 2, \quad U(b) = 0, \quad U(c) = 1$
  (iii) $U(a) = 1, \quad U(b) = 0, \quad U(c) = -1$

(4) A君は，会社情報や先輩の話からX社は業績が不安定であり，X社に就職すれば，組合せaか組合せcとなる可能性があり，組合せaの確率は$\frac{1}{3}$と見積もっている。これに対して，Y社は業績が安定しており，Y社に就職すれば，確実に組合せbになると考えている。A君の会社選択が，「効用の期待値の最も大きな選択肢を選ぶ」という期待効用仮説に従うとき，A君が2つの会社のうちX社を選択することになるのは，(3)で選んだ適切な関数のうちどれかを答えなさい。

(5) (4)と同じ設定で，期待効用仮説に従うA君がY社を選択することになるのは，(3)の3つの効用関数のうちどれかを答えなさい。

■ヒント：(1) 個人の選択肢に対する好みの順序を，選好順序という。ゲーム理論や経済学では，合理的な個人は選択可能な選択肢の中で選好順序の最も高いものを選択することが前提とされる。選好順序は，満足度の高い順序を示している。
(2) 推移性とは，b より a を好み，かつ c より b を好むならば，c より a を好むことをいう。
(3) 選好順序の満足度を数値化した指標を，効用（または効用関数）という。
(4) X社に就職すると，月給と趣味の時間の組合せは確率 $\frac{1}{3}$ で a になり，確率 $\frac{2}{3}$ で c になる。期待効用理論では，効用の期待値の大きいものが選択される。
(5) 推移性を満たすもののうちで，Y社の（期待）効用がX社の期待効用より大きいものになる。

■解答：(1) A君の関心は月給と趣味の時間をともに多くすることだから，A君は組合せ a のほうを b より好む。選好順序の記号で表すと，$a \succsim b$ である。同様にして，$b \succsim c$ と $a \succsim c$ が成り立つ。

$$a \succsim b, \quad b \succsim c, \quad a \succsim c \quad \text{（答）}$$

(2) $a \succsim b$, $b \succsim c$ と $a \succsim c$ だから，推移性が成り立つ。

推移性が成り立つ （答）

(3) A君の選好順序は $a \succsim b$, $b \succsim c$ と $a \succsim c$ を満たすから，効用関数は $U(a) \geqq U(b) \geqq U(c)$ を満たさなければならない。ゆえに，(i)と(iii)がA君の選好順序を表す効用関数である。

(i)と(iii) （答）

(4) X社に就職すると，月給と趣味の時間の組合せは確率 $\frac{1}{3}$ で a になり，確率 $\frac{2}{3}$ で c になるから，A君のX社に対する期待効用は，$\frac{1}{3}U(a) + \frac{2}{3}U(c)$ である。一方，Y社に就職すると，確実に（確率1で）組合せ b が実現するので，A君のY社に対する（期待）効用は，$U(b)$ である。期待効用理論では，期待効用の大きな選択肢を選択するので，$\frac{1}{3}U(a) + \frac{2}{3}U(c) > U(b)$ であればX社を選択する。(3)の効用関数(i)は $\frac{1}{3} \times 7 + \frac{2}{3} \times 0 = \frac{7}{3} > 2$ であるので，この条件を満たす。一方(iii)は，$\frac{1}{3} \times 1 + \frac{2}{3} \times (-1) = -\frac{1}{3} < 0$ であるのでこの条件を満たさない。

(i)　(答)

(5)　月給と趣味の時間をともに多くしたいという A 君の選好順序を表す効用関数(i)と(iii)のうちで，(iii)のみが Y 社を選択する条件 $\frac{1}{3}U(a)+\frac{2}{3}U(c)<U(b)$ を満たす。

(iii)　(答)

演習 1.4 [期待効用とリスク態度*]

確率 $\frac{1}{3}$ で賞金 900 円が当たるくじを考える。賞金に対する効用関数として次のものを考える。ただし，x は賞金額である。

(a) $u(x) = x$, (b) $u(x) = \sqrt{x}$, (c) $u(x) = x^2$

(1) くじの賞金の期待値を求めなさい。
(2) 各効用関数でのくじの期待効用を求めなさい。
(3) 各効用関数でのくじの確実性同値額を求めなさい。
(4) 各効用関数でのくじのリスク・プレミアムを求めなさい。

■ヒント： (3) 確実に（確率 1 で）m を得るときの効用は $u(m)$ で与えられる。確率 $\frac{1}{3}$ で 900 円が当たるくじの期待効用は $\frac{1}{3}u(900) + \frac{2}{3}u(0)$ で与えられる。ここでのくじの確実性同値額とは $u(m) = \frac{1}{3}u(900) + \frac{2}{3}u(0)$ を満たす m である。(a), (b), (c)のそれぞれの効用関数について上記の等式を満たす m を求めればよい。
(4) リスク・プレミアムは，くじの賞金の期待値から確実性同値額を引いた値である。

■解答： (1) $\frac{1}{3} \times 900 + \frac{2}{3} \times 0 = \mathbf{300}$ 円

(2) くじの期待効用はそれぞれ次のように求められる。

  (a) $\frac{1}{3} \times 900 + \frac{2}{3} \times 0 = \mathbf{300}$
  (b) $\frac{1}{3} \times \sqrt{900} + \frac{2}{3} \times \sqrt{0} = \mathbf{10}$
  (c) $\frac{1}{3} \times 900^2 + \frac{2}{3} \times 0^2 = \mathbf{270{,}000}$

(3) くじの確実性同値額 m はそれぞれ次のように求められる。

  (a) 確実に m を得るときの効用は m で与えられる。くじの期待効用は 300 であったので，$m = \mathbf{300}$
  (b) 確実に m を得るときの効用は $\sqrt{m}$ で与えられる。くじの期待効用は 10 であったので，$\sqrt{m} = 10$ より $m = \mathbf{100}$
  (c) 確実に m を得るときの効用は m^2 で与えられる。くじの期待効用は 270,000 であったので，$m^2 = 270{,}000$ より $m = \mathbf{300\sqrt{3}}$

(4) リスク・プレミアムは，それぞれ次のように求められる。

  (a) $300 - 300 = \mathbf{0}$

(b) $300 - 100 = \mathbf{200}$

(c) $300 - 300\sqrt{3} = \mathbf{300(1-\sqrt{3})}$

■コメント: リスク中立的な個人のリスク・プレミアムは 0,リスク回避的な個人のリスク・プレミアムは正の値,リスク愛好的な個人のリスク・プレミアムは負の値をとる。なお,リスク・プレミアムは,リスクを負うことに対して追加的に要求する金額を表す。

Help ❶ 等比数列の和

初項が a,公比が r,項数が n の等比数列 $a, ar, ar^2, \ldots, ar^{n-1}$ の和,

$$S_n = a + ar + ar^2 + \cdots + ar^{n-1}$$

は,次のように求められる。まず,上の式の両辺に r をかけると,

$$rS_n = r(a + ar + \cdots + ar^{n-1}) = ar + ar^2 + \cdots + ar^{n-1} + ar^n$$

が得られる。次に,S_n から rS_n を引くと,

$$(1-r)S_n = a - ar^n$$

となり,

$$S_n = \frac{a(1-r^n)}{1-r}$$

となる。ここで,項の数が無限大の場合の和(無限等比数列の和)S_∞ は,$0 < r < 1$ であるならば,n を無限大にしたとき,r^n はゼロとなるので,

$$S_\infty = \frac{a}{1-r}$$

となる。

演習 1.5 ［カードゲーム］

2枚のカードがある。1枚は表が赤で裏が黒，もう1枚は表裏ともに黒である。この2枚のカードを袋に入れて，袋の中から1枚のカードを片面が見えないように下に向けて取り出す。

取り出したカードの見えている面が黒であれば，そのカードを裏返す。裏返した面がまた黒であれば相手の勝ち，裏返した面が赤であればあなたの勝ちとする。また，取り出したカードの見えている面が赤であれば，引き分けとする。

(1) 勝つ確率が高いのは，相手とあなたのどちらか。相手の勝つ確率とあなたの勝つ確率を求めなさい。

(2) 引き分けの場合，勝負がつくまで繰り返し行うとき，あなたの勝つ確率を求めなさい。

■ヒント： (1) 表が赤で裏が黒のカードを A，両面とも黒のカードを B とする。カードの取り出し方は，

$$\{A の表\}, \{A の裏\}, \{B の表\}, \{B の裏\}$$

の4通りである。{A の表} が取り出されたときは引き分けとなることに注意すること。

(2) あなたが勝つ事象は，「1回目で勝つ」か，「1回目は引き分けで2回目に勝つ」か，「2回目まで引き分けで3回目に勝つ」か，……，「$n-1$ 回目まで引き分けで n 回目に勝つ」……，のいずれかである。まず，それぞれの事象の起こる確率を求める。そして，その確率の和を求める。なお，ここで求める確率の和は「等比数列の和」として表される（⇒ **Help ❶**）。

■解答： (1) あなたが勝つのは {A の裏} のときのみであるから，その確率は $\frac{1}{4}$ である。相手が勝つのは {B の表}，{B の裏} のときであるから，その確率は $\frac{2}{4} = \frac{1}{2}$ である。

相手のほうが勝つ確率が高い　（答）

(2) 引き分けになるのは {A の表} のときで，その確率は $\frac{1}{4}$ である。(1)より，1回目であなたが勝つ確率は $\frac{1}{4}$ である。2回目であなたが勝つ，すなわち1回目は引き分けで2回目であなたが勝つ確率は，

$$\frac{1}{4} \times \frac{1}{4}$$

である。一般に，$n-1$ 回目まで引き分けで n 回目であなたが勝つ確率は，

$$\left(\frac{1}{4}\right)^{n-1} \times \frac{1}{4}$$

である。このゲームであなたが勝つのは，

「1 回目で勝つ」，「2 回目で勝つ」，「3 回目で勝つ」，……

のいずれかであるから，その確率は，

$$\frac{1}{4} + \frac{1}{4} \times \frac{1}{4} + \left(\frac{1}{4}\right)^2 \times \frac{1}{4} + \left(\frac{1}{4}\right)^3 \times \frac{1}{4} + \cdots$$

である。これは初項が $\frac{1}{4}$ で公比が $\frac{1}{4}$ の無限等比数列の和である。よって，求める確率は，

$$\frac{\frac{1}{4}}{1-\frac{1}{4}} = \frac{1}{3}$$

である。

$\dfrac{1}{3}$ （答）

> **演習 1.6 [モンティ・ホール問題]**
>
> あなたはテレビ番組のゲーム・ショーに出演している。このショーでは,あなたは目の前にある3つの扉のうち1つを選ぶ。3つのうち1つが等確率で「アタリ」となり,他の2つは「ハズレ」である。このゲームは次のように進行する。
>
> (1) あなたが1つの扉を選ぶ。
> (2) 司会者はどの扉がアタリかをあらかじめ知っていて,あなたが選ばなかった2つの扉のうち,必ずハズレの扉を開ける。2つともハズレのときは,等確率でどちらかの扉を開ける。
> (3) 司会者が,改めてあなたに「扉の選択を変えますか?」と尋ねる。
>
> さて,あなたは扉の選択を変えるべきか。

> ■ヒント: 3つの扉を A, B, C とする。各扉がアタリである事象をそれぞれ A, B, C とし,(2)で司会者が各扉を開ける事象をそれぞれ a, b, c とする。(1)であなたが選んだ扉を A とし,(2)で司会者が開けた扉を C とする。ベイズの定理を用いて,司会者が扉 C を開けてアタリが扉 A である条件付き確率 $P(A|c)$ と,司会者が扉 C を開けてアタリが扉 B である条件付き確率 $P(B|c)$ を求めて,その大小関係を比較する。

■解答: 3つの扉を A, B, C とする。各扉がアタリである事象をそれぞれ A, B, C とし,(2)で司会者が各扉を開ける事象をそれぞれ a, b, c とする。

(1)の時点で,各扉がアタリとなる確率は等しいので,

$$P(A) = P(B) = P(C)$$

である。(1)であなたが選んだ扉を A としよう。(2)では司会者は必ずハズレの扉を開けるので,

$$P(b|C) = P(c|B) = 1$$

が成り立つ。$P(b|C)$ は扉 C がアタリであるときに司会者が扉 B を開ける確率,$P(c|B)$ は扉 B がアタリであるときに司会者が扉 C を開ける確率である。また,扉 B も C もハズレのときは等確率でどちらかを開けるから,

$$P(b|A) = P(c|A) = \frac{1}{2}$$

である。$P(b|A)$ はアタリが扉 A という条件のもとで，司会者が扉 B を開ける確率，$P(c|A)$ はアタリが扉 A という条件のもとで，司会者が扉 C を開ける確率を表す．

(2)において司会者が開けた扉を C とする．(3)で，あなたが当初の選択を変えず扉 A を選んだ場合，アタリとなる確率は $P(A|c)$ である（司会者が扉 C を開けてアタリが扉 A である確率）．ベイズの定理より，

$$P(A|c) = \frac{P(c|A)P(A)}{P(c)}$$

である．ここで，$P(c)$ は，扉 C が司会者によって開けられる確率である．

一方，選択を変えて扉 B を選んだ場合，アタリとなる確率は $P(B|c)$ である（司会者が扉 C を開けて，アタリが扉 B である確率）．ベイズの定理より，

$$P(B|c) = \frac{P(c|B)P(B)}{P(c)}$$

である．$P(A) = P(B)$ かつ $P(c|A) = \frac{1}{2} < 1 = P(c|B)$ であるので，

$$P(A|c) < P(B|c)$$

である．つまり，扉の選択を変えたほうがアタリとなる確率が高い．

変えるべきである　（答）

■コメント：(1)において，扉 A がアタリである確率は $\frac{1}{3}$，扉 A 以外がアタリである確率は $\frac{2}{3}$ である．(2)において，扉 C が開けられても，この確率は変わらない．しかし，扉 C がハズレであることがわかったので，扉 A 以外でアタリとなるのは扉 B しかない．つまり扉 A 以外，すなわち扉 B がアタリである確率は $\frac{2}{3}$ である．したがって，扉の選択を変えたほうが，アタリとなる確率が高くなるのである．

　この問題は，アメリカのテレビ番組「レッツ・メイク・ア・ディール」（取引しましょう）で行われていたゲームに基づいた確率の問題で，**モンティ・ホール問題**と呼ばれている．なお，モンティ・ホールとは，そのテレビ番組の司会者の名前である．アメリカの『パレード』紙にコラムを連載しているマリリン・ヴォス・サヴァント（当時 IQ 最高記録保持者）が，同コラムにて，扉を変えるべきだと回答したことをきっかけに，アメリカで大論争が巻き起こった．

Column ❷ アレのパラドックス

次の2つの問いに答えてみてほしい。

問1：次の2つのくじ L_1, L_2 のうち好ましいものを選びなさい。
- L_1：確実に1億円が得られる
- L_2：確率10%で5億円，89%で1億円，1%で0円が得られる

問2：次の2つのくじ L_3, L_4 のうち好ましいものを選びなさい。
- L_3：確率11%で1億円，89%で0円が得られる
- L_4：確率10%で5億円，90%で0円が得られる

上記の2つの問いに対して，かなり多くの人（被験者）が，最初の問いに対して L_1，次の問いに対して L_4 を選択するということが1953年にフランスの経済学者モーリス・アレによって指摘された。この選択行動は期待効用仮説に矛盾し，**アレの反例**，または**アレのパラドックス**と呼ばれている。

ここでの「期待効用仮説」とは，2つのくじを比較したときに期待効用の大きいくじを選択することを意味する。L_1 と L_4 を選択するという結果が，期待効用仮説に反することは次のように確認できる。

賞金 x のときの効用を $u(x)$ とし，$u(0) = 0$ とする。L_1 と L_2 のうち L_1 を選ぶということは，期待効用仮説からは，L_1 のほうが L_2 よりも期待効用が高いことを意味する。すなわち，

$$u(1億) > 0.1 \times u(5億) + 0.89 \times u(1億)$$

である。

一方，L_3 と L_4 のうち L_4 を選ぶということは，L_3 よりも L_4 のほうが期待効用が高いことを意味し，

$$0.11 \times u(1億) < 0.1 \times u(5億)$$

となる。しかし，上記の2つの不等式が同時に成立することは矛盾である。したがって，L_1 と L_4 の選択をする個人は期待効用仮説に反する選択をしていることになる。

このアレの反例については，実際の人間の選択が，（期待効用理論が想定する以上に）「確実に1億円得られる」という選択肢を選好する結果，上記のようなパラドックスが発生すると考えられる。このような個人の選択に与える影響を「**確実性効果**」という。

4 練習問題

問題 1.1 [確率と賭け*]

以下の問いに答えなさい。

(1) サイコロを 2 回投げて，少なくとも 1 回は 1 の目が出る確率はいくらか。

(2) サイコロを 3 回投げる。「1 回も 1 の目が出ない」「1 回は 1 の目が出る」，あなたならどちらに賭けるか。

(3) サイコロを 4 回投げる。「1 回も 1 の目が出ない」と「1 回は 1 の目が出る」，あなたならどちらに賭けるか。

問題 1.2 [期 待 値*]

サイコロを 3 つ同時に投げる。「目の和が 9 になる」か「目の和が 10 になる」かのいずれかに賭けて，当たれば 100 万円がもらえるとする。どちらに賭けたほうが賞金の期待値が高くなるか。

問題 1.3 [賭けと所持金*]

次のようなコインを使ったギャンブルを考える。

「表」か「裏」のどちらかに賭ける。このギャンブルに参加するためには，2800 円を支払わなければならない。賭けに参加したら，コインを投げる。当たれば 1 万円をもらえるが，はずれれば何ももらえない。

ここで，このギャンブルに興味のありそうな A 氏がいる。A 氏の効用関数は $u(x) = \sqrt{x}$ であるとする。

(1) A 氏の所持金が 2800 円であるとき，A 氏はこのギャンブルに参加するだろうか。

(2) A 氏の所持金が 3600 円であるとき，A 氏はこのギャンブルに参加するだろうか。

問題 1.4 [プロジェクトへの投資*]

10 万円投資すると，確率 50% で 30 万円，確率 50% で 0 円の収益が得られ

るプロジェクトがある。ある投資家の所持金は 10 万円であり，効用関数は $u(x) = \sqrt{x}$ である。他に投資先はなく，このプロジェクトに投資しない場合は，現金で 10 万円保有したままであるとする。

(1) プロジェクトの収益の期待値を求めなさい。
(2) プロジェクトの期待効用を求めなさい。[ヒント：投資したときの効用は，確率 50% で $\sqrt{30 \text{万}}$，確率 50% で $\sqrt{0} = 0$ である]
(3) プロジェクトに対する確実性同値額を求めなさい。
(4) 投資家はこのプロジェクトに投資するだろうか。[ヒント：投資しない場合，確実に 10 万円を手にする]
(5) 所持金 10 万円の投資家があと 9 人おり，全員の効用関数が $u(x) = \sqrt{x}$ であるとしよう。この 10 人で分担してプロジェクトに投資することを考える。すなわち，1 人 1 万円だけ出資し，収益は均等に配分するものとする。投資家たちはこの計画に参加するだろうか。[ヒント：全員が計画に参加した場合，確率 50% で 12 万円，確率 50% で 9 万円を手にすることになる]

問題 1.5 [留保価格*]

中古自転車の取引を交渉している売り手と買い手がいる。買い手が自転車を買いたいと思う価格の最大値を買い手の留保価格，または支払い希望価格という。買い手の効用関数は，自転車の台数 $x = 0, 1$ と所得 y の 2 変数関数 $U(x, y)$ とする。

(1) 買い手の所得を Y とするとき，買い手の留保価格 p^* が満たす条件を書きなさい。
(2) 買い手の効用関数 $U(x, y)$ が $U(x, y) = u(x) + y$ で表されるとする。このような効用関数を準線形という。このとき，買い手の留保価格 p^* を求めなさい。

問題 1.6 [ベイズ推定]

ある都市で 2 つのタクシー会社，緑タクシーと青タクシーが営業している。緑タクシーと青タクシーの割合はそれぞれ 85% と 15% である。ある晩，1 台のタクシーが接触事故を起こし現場から走り去っていった。1 人の目撃者が，

事故を起こしたのは青タクシーだと証言した．検事は，この目撃者の証言の信憑性を確かめるために，事故現場で事故当日と同じ条件で目撃者の判断力をテストしたところ，目撃者がタクシーの色を正しく判断できる確率は80%であった．このとき，事故を起こしたタクシーが青タクシーである確率を求めなさい．

問題 1.7 [サンクト・ペテルブルグのパラドックス]

コインを繰り返し投げ，n 回目ではじめて表が出たら賞金 2^n 円がもらえるというくじを考える．

(1) このくじの賞金の期待値を求めなさい．

(2) 金額 x 円に対して効用 $u(x) = \log_2 x$ を得るとき，くじの期待効用を求めなさい．

(3) くじの主催者が2億円しか保有していないため賞金の限度額が2億円であるときのくじの賞金の期待値を求めなさい．

実験してみよう①

人々のリスクに対する態度の違いを，次のようなアンケートによって検証することができる。

質問：あなたにとって選択肢Aと選択肢Bのどちらが好ましいかを解答欄に記入してください。

選択肢A	選択肢B	解答（AまたはB）
50%の確率で5000円，50%の確率で0円	確実に1600円	
50%の確率で5000円，50%の確率で0円	確実に1700円	
50%の確率で5000円，50%の確率で0円	確実に1800円	
50%の確率で5000円，50%の確率で0円	確実に1900円	
50%の確率で5000円，50%の確率で0円	確実に2000円	
50%の確率で5000円，50%の確率で0円	確実に2100円	
50%の確率で5000円，50%の確率で0円	確実に2200円	
50%の確率で5000円，50%の確率で0円	確実に2300円	
50%の確率で5000円，50%の確率で0円	確実に2400円	
50%の確率で5000円，50%の確率で0円	確実に2500円	
50%の確率で5000円，50%の確率で0円	確実に2600円	
50%の確率で5000円，50%の確率で0円	確実に2700円	
50%の確率で5000円，50%の確率で0円	確実に2800円	
50%の確率で5000円，50%の確率で0円	確実に2900円	
50%の確率で5000円，50%の確率で0円	確実に3000円	

■解説： このアンケートの被験者は，確実にもらえる賞金額が大きくなっていくどこかのタイミングで，不確実な選択肢Aから確実な選択肢Bに選択肢を変更する。選択肢Bに変更する切り替えが早い人，つまり，不確実な選択肢Aと同等の評価を与える確実な賞金額が小さい人ほど，リスクを嫌う被験者ということになる。

2012年に，筆者の1人が担当する大阪経済大学宮川ゼミナール所属の学生

（3年生）が，大阪経済大学，京都産業大学，甲南大学の学生48人を対象に，上記のアンケートを用いて男女のリスクに対する態度の違いの検証を試みた。アンケートの結果，2600円になるまで選択肢Bを選んだ男性は37.5%であったのに対し，女性はその倍の68.4%であった。この実験では，男性より女性のほうが，リスク回避的な選択をする傾向が見られた。

第2章
戦略ゲームとナッシュ均衡点

●ねらい
この章では，ゲーム的状況（戦略的状況）をとらえる「戦略形ゲーム」と，ゲームの解（ゲーム的状況で実現する結果）としてジョン・ナッシュが考案した「ナッシュ均衡点」の導出をマスターする。戦略形ゲームのナッシュ均衡点を導き出すことで，実際に「戦略的状況を解く」ことができる。

1　要点整理

戦略形ゲーム：社会や経済で見られる複数の行動主体の相互依存状況を，
(1) 誰が行動主体か（プレイヤー集合）
(2) プレイヤーたちはどのような戦略（行動）をとることができるか（戦略集合）
(3) お互いの戦略の組合せから，どのような結果（利得）が実現するのか（利得関数）
という視点で整理するモデルである。

利得行列：戦略形ゲームにおけるプレイヤーの戦略と利得の関係を示す表のこと（利得表ともいう）。以下の表は，利得行列の一例である。

		プレイヤー2	
		L	R
プレイヤー1	T	1, 2	3, 4
	B	4, 3	2, 1

プレイヤー1の戦略はT（Top）とB（Bottom），プレイヤー2の戦略

はL（Left）とR（Right）である。戦略の組は，(T, L), (T, R), (B, L), (B, R)の4つである。表のセル内の数値は，各プレイヤーの利得が示されている。たとえば，(B, L)がプレイされたとき，プレイヤー1の利得は4，プレイヤー2の利得は3である。

混合戦略，純戦略：確率的に行動を選択するような戦略を，**混合戦略**という。上の例において，プレイヤー1が確率$\frac{1}{3}$でT，確率$\frac{2}{3}$でBを選択するような戦略は混合戦略の1つである。ある行動を確率1で選択する戦略を，**純戦略**という。上の例で，T, B, L, Rはいずれも純戦略である。

最適応答：相手の戦略に対して，自分の利得を最大にする戦略のこと。上の例において，プレイヤー2の戦略Lに対する，プレイヤー1の最適応答はより利得の高いBである。プレイヤー1の戦略Bに対する，プレイヤー2の最適応答はより利得の高いLである。

ナッシュ均衡点：どのプレイヤーも，自分だけが戦略を変更しても利得を増加させることができないような戦略の組のこと。ナッシュ均衡点では，各プレイヤーの戦略が自分以外のプレイヤーの戦略に対して最適応答となっている。

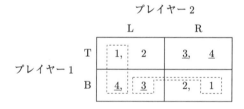

上の例において，戦略の組 (B, L) はナッシュ均衡点である。プレイヤー2の戦略がLのとき，プレイヤー1がBからTに変更すると，利得は4から1に減少する。プレイヤー1の戦略がBのとき，プレイヤー2がLからRに変更すると，利得は3から1に減少する。また，(T, R)もナッシュ均衡点である。Rに対するプレイヤー1の最適応答はTであり，Tに対するプレイヤー2の最適応答はRであるからである。

戦略の支配：ある戦略sが他の戦略tを**支配する**とは，他のプレイヤーの戦略がどのようなものであっても，sのほうがtよりも高い利得を実現する場合をいう。他のすべての戦略を支配するような戦略のことを**支配戦略**という。戦略sが戦略tを**弱支配する**とは，他のプレイヤーの戦略がどのようなものであっても，sのほうがtよりも高いか同じ利得を実現する場合を

いう．他のすべての戦略を弱支配するような戦略のことを**弱支配戦略**という．

　たとえば，次の利得行列で表されるゲームでは，プレイヤー1にとって，プレイヤー2が戦略Lであっても戦略Rであっても，戦略Tよりも戦略Bのほうが高い利得を実現できるので，戦略Bは戦略Tを支配する．また，戦略Tは戦略Bに**支配される**ともいう．

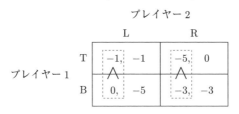

　また，次の利得行列で表されるゲームでは，

```
           プレイヤー2
              L       R
        T   -1,-1   -5, 0
プレイヤー1
        B   -1,-5   -3,-3
```

プレイヤー1にとって，プレイヤー2が戦略Lをとるとき戦略Tと戦略Bの実現する利得は-1で等しく，プレイヤー2が戦略Rをとるとき戦略Tより戦略Bのほうが実現する利得は高いので，戦略Bは戦略Tを弱支配する．また，戦略Tは戦略Bに**弱支配される**ともいう．

ゼロ和ゲーム：プレイヤーの利得の和が一定値となるゲームのことを**定和ゲーム**という．とくに，その和が0となるゲームを**ゼロ和ゲーム**という．ゼロ和2人ゲームでは，どちらのプレイヤーにとっても，

$$(自分の利得) = -(相手の利得)$$

が成り立つので，相手の利得を損失と考えることができる．すなわち，自分の利得を最大化することと，相手の利得（＝自分の損失）を最小化することとは同じになる．

マックスミニ戦略：ある戦略をとったときに得られる利得の最小値を，その戦略の**保証水準**という．保証水準を最大化する戦略のことを**マックスミニ戦略**といい，そのときの保証水準を**マックスミニ値**という．

ミニマックス戦略：ゼロ和 2 人ゲームでは，ある戦略をとったときの損失（＝相手の利得）の最大値が保証水準となる。損失の保証水準を最小化する戦略のことを**ミニマックス戦略**といい，そのときの損失を**ミニマックス値**という。

パレート最適（効率性）：戦略の組 s が戦略の組 t より**パレート優位**であるとは，すべてのプレイヤーにとって s がプレイされたときの利得が t がプレイされたときの利得よりも大きいときをいう。s よりパレート優位であるような他の戦略の組がないとき，s は**パレート最適（効率的）**であるという。

2 理解度チェック

チェック 2.1 ［利得行列］

2人の囚人1と2がいて，それぞれ別々に検事から取り調べを受けている。取り調べに対して，囚人たちは犯罪を「自白」するか「黙秘」するかを選ぶ。2人が自白すればともに「8年」の懲役刑，2人とも黙秘すればともに「1年」の懲役刑，もし一方だけが犯罪を自白すれば，自白した者は「無罪」，黙秘した者は「10年」の懲役刑を受ける。この状況は囚人のジレンマといわれ，次の利得行列で表す。

		囚人 2	
		黙秘	自白
囚人 1	黙秘	−1, −1	−10, 0
	自白	0, −10	−8, −8

ここで，囚人1をプレイヤー1，囚人2をプレイヤー2とし，黙秘を戦略C，自白を戦略Dとし，さらに，選好順序「$-10 < -8 < -1 < 0$」の大小関係を変化させず「$0 < 1 < 5 < 7$」と置き換える。上の利得行列を見ながら，このように変更した戦略形ゲームの利得行列を書きなさい。

■解答：

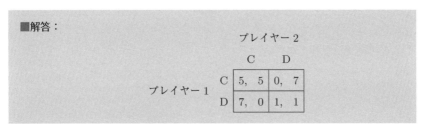

		プレイヤー 2	
		C	D
プレイヤー 1	C	5, 5	0, 7
	D	7, 0	1, 1

チェック 2.2 ［支配戦略］

次の利得行列で表される囚人のジレンマを考える。以下を読み，空欄にあてはまる適切な数値，語句を答えなさい。

		プレイヤー2	
		C	D
プレイヤー1	C	5, 5	0, 7
	D	7, 0	1, 1

(1) プレイヤー1にとって，プレイヤー2が戦略Cをとるとき，戦略Cをとれば利得が [1] となり，戦略Dをとれば利得が [2] となる。さらに，プレイヤー2が戦略Dをとるとき，戦略Cをとれば利得が [3] となり，戦略Dをとれば利得が [4] となる。プレイヤー2の戦略がCであってもDであってもプレイヤー1は戦略 [5] より戦略 [6] のほうが高い利得を得られるので，プレイヤー1にとって戦略 [6] は戦略 [5] を [7] する。

(2) プレイヤー1にとって戦略 [6] は，[6] 以外のプレイヤー1がとれる他のすべての戦略を支配しているのでプレイヤー1の [8] である。同様にプレイヤー2の [8] は戦略 [9] である。

■解答： [1] 5, [2] 7, [3] 0, [4] 1, [5] C, [6] D, [7] 支配, [8] 支配戦略, [9] D

チェック2.3［最適応答とナッシュ均衡点］

次の利得行列で表される戦略形ゲームを考える。以下を読み，空欄にあてはまる適切な語句を答えなさい。

		プレイヤー2	
		L	R
プレイヤー1	T	0, 2	2, 1
	B	1, 1	0, 0

(1) プレイヤー2の戦略がLのとき，プレイヤー1の最適応答は [1] である。プレイヤー2の戦略がRのとき，プレイヤー1の最適応答は [2] である。プレイヤー1の戦略がTのとき，プレイヤー2の最適応答は [3] である。プレイヤー1の戦略がBのとき，プレイヤー2の最適応答は [4] である。

(2) 戦略の組($\boxed{5}$, $\boxed{6}$)は，このゲームのナッシュ均衡点である．なぜなら，プレイヤー1の戦略$\boxed{5}$に対するプレイヤー2の最適応答は$\boxed{6}$であり，プレイヤー2の戦略$\boxed{6}$に対するプレイヤー1の最適応答は$\boxed{5}$であるからである．

■解答：　$\boxed{1}$ B, 　$\boxed{2}$ T, 　$\boxed{3}$ L, 　$\boxed{4}$ L, 　$\boxed{5}$ B, 　$\boxed{6}$ L

チェック2.4［混合戦略ナッシュ均衡点］

次の利得行列で表される戦略形ゲームの混合戦略ナッシュ均衡点を求めたい．以下を読み，空欄にあてはまる適切な数値を答えなさい．

プレイヤー2

	L	R
T	2, 0	0, 2
B	0, 2	2, 0

プレイヤー1

(1) プレイヤー2の混合戦略が，確率0.8でL，確率0.2でRを選ぶものであるとする．プレイヤー1がTを選んだときの期待利得は$\boxed{1}$であり，Bを選んだときの期待利得は$\boxed{2}$であるから，プレイヤー1の最適応答は確率$\boxed{3}$でT，確率$\boxed{4}$でBを選ぶものである．プレイヤー1の混合戦略が，確率0.25でT，確率0.75でBを選ぶものであるとき，プレイヤー2の最適応答は確率$\boxed{5}$でL，確率$\boxed{6}$でRを選ぶものである．

(2) プレイヤー2の混合戦略が，確率$\boxed{7}$でL，確率$\boxed{8}$でRを選ぶものであるとき，プレイヤー1がTを選んだときの期待利得とBを選んだときの期待利得は等しくなる．このとき，すべての混合戦略が最適応答となる．プレイヤー1の混合戦略が，確率$\boxed{9}$でT，確率$\boxed{10}$でBを選ぶものであるとき，プレイヤー2がLを選んだときの期待利得とRを選んだときの期待利得は等しくなる．このとき，すべての混合戦略が最適応答となる．したがって，プレイヤー1の混合戦略が，確率$\boxed{9}$でT，確率$\boxed{10}$でBを選び，プレイヤー2の混合戦略が，確率$\boxed{7}$でL，確率$\boxed{8}$でRを選ぶものであるとき，この混合戦略の組はナッシュ均衡点である．

■解答： ① $0.8×2+0.2×0=$ **1.6**,　② $0.8×0+0.2×2=$ **0.4**,　③ 1,　④ 0,　⑤ 1,　⑥ 0,　⑦ 0.5,　⑧ 0.5,　⑨ 0.5,　⑩ 0.5

チェック 2.5 ［マックスミニ値］　⇒演習 2.7

サッカーのペナルティキック（PK）において，キッカーの戦略は「左に蹴る」（L）か「右に蹴る」（R）かであり，キーパーの戦略は「左を守る」（ℓ）か「右を守る」（r）かである。次の表内の数値は，シュートの成功確率を表している。

キーパー

	ℓ	r
L	0.4	0.7
R	0.8	0.1

キッカー

キッカーは，成功確率の最大化を目指して行動し，キーパーは成功確率の最小化を目指して行動する。以下を読み，空欄にあてはまる適切な数値，語句を答えなさい。

　戦略 L の保証水準は ① であり，戦略 R の保証水準は ② である。純戦略の範囲において，キッカーのマックスミニ戦略は ③ であり，マックスミニ値は ④ である。
　戦略 ℓ の保証水準は ⑤ であり，戦略 r の保証水準は ⑥ である。純戦略の範囲において，キーパーのミニマックス戦略は ⑦ であり，ミニマックス値は ⑧ である。

■解答： ① 0.4,　② 0.1,　③ L,　④ 0.4,　⑤ 0.8,　⑥ 0.7,　⑦ r,　⑧ 0.7

チェック 2.6 ［支配される戦略の逐次削除］　⇒演習 2.6

次の利得行列で表される戦略形ゲームにおいて，支配される戦略（被支配戦略）を逐次削除する。以下を読み，空欄にあてはまる適切な語句を答えなさい。

プレイヤー2
```
              L      C      R
      T   | 2, 0 | 1, 2 | 0, 1 |
プレイヤー1  B   | 1, 2 | 0, 1 | 2, 0 |
```

　プレイヤー1の戦略TとBとの間に支配関係はない。プレイヤー2の戦略 $\boxed{1}$ は戦略 $\boxed{2}$ に支配されるので削除する。$\boxed{1}$ が消去された後，プレイヤー1の戦略 $\boxed{3}$ は $\boxed{4}$ に支配されるので削除する。$\boxed{3}$ が消去された後，プレイヤー2の戦略 $\boxed{5}$ は $\boxed{6}$ に支配されるので削除する。以上の結果，残る戦略は，プレイヤー1が $\boxed{7}$，プレイヤー2が $\boxed{8}$ である。この戦略の組 $\left(\boxed{7}, \boxed{8}\right)$ は，このゲームのナッシュ均衡点であることに注意しよう。

■解答： $\boxed{1}$ R, $\boxed{2}$ C, $\boxed{3}$ B, $\boxed{4}$ T, $\boxed{5}$ L, $\boxed{6}$ C, $\boxed{7}$ T, $\boxed{8}$ C

チェック 2.7 ［弱支配戦略］　　　　　　　　　　　　　　　　　　　⇒演習 2.6

以下を読み，空欄にあてはまる適切な語句を答えなさい。

　次の利得行列で表される戦略形ゲームにおいて，どちらのプレイヤーの戦略にも（強い）支配関係はない。プレイヤー1にとって，戦略 $\boxed{1}$ は戦略 $\boxed{2}$ を弱支配している。プレイヤー2にとって，戦略 $\boxed{3}$ は戦略 $\boxed{4}$ を弱支配している。弱支配戦略の組 $\left(\boxed{5}, \boxed{6}\right)$ はナッシュ均衡点であるが，$\left(\boxed{2}, \boxed{7}\right)$ と $\left(\boxed{8}, \boxed{4}\right)$ もナッシュ均衡点である。つまり，ナッシュ均衡点は弱支配される戦略を含むことがある。

プレイヤー2
```
              L      R
      T   | 2, 1 | 1, 1 |
プレイヤー1  B   | 1, 1 | 1, 2 |
```

■解答： $\boxed{1}$ T, $\boxed{2}$ B, $\boxed{3}$ R, $\boxed{4}$ L, $\boxed{5}$ T, $\boxed{6}$ R, $\boxed{7}$ R, $\boxed{8}$ T

チェック2.8 [パレート最適とナッシュ均衡点]

以下を読み，空欄にあてはまる適切な語句を答えなさい．

(1) 次の利得行列で表されるタカ-ハト・ゲームにおいて，パレート最適な戦略の組をすべて挙げると，□1□である．このゲームのナッシュ均衡点をすべて挙げると，□2□である．

プレイヤー2

		ハト	タカ
プレイヤー1	ハト	2, 2	1, 3
	タカ	3, 1	0, 0

(2) 次の利得行列で表される囚人のジレンマにおいて，パレート最適な戦略の組をすべて挙げると，□3□である．このゲームのナッシュ均衡点をすべて挙げると，□4□である．これより，ナッシュ均衡点は必ずしもパレート最適とはならないことがわかる．

プレイヤー2

		C	D
プレイヤー1	C	2, 2	0, 3
	D	3, 0	1, 1

■解答： □1□ (ハト, ハト)，(ハト, タカ)，(タカ, ハト)，□2□ (ハト, タカ)，(タカ, ハト)，□3□ (C, C)，(C, D)，(D, C)，□4□ (D, D)

3 演習問題

演習 2.1 [出店ゲーム*]

コンビニ出店について，次の記事がある。この記事を参考にして以下の問いに答えなさい。

「セブン-イレブンは 2009 年 12 月 4 日午前，金沢市の繁華街，片町や石川県庁近くなど同県内に 8 店舗をオープンさせる。同社直営の片町 1 丁目店は，ファミリーマートの目と鼻の先。周辺は昼夜を問わず人通りが多い繁華街とはいえ，直接競合する店舗の売上げに影響が出るのは確実で，セブンの開店セールに対応してファミリーマートがおでんを値下げするなど，早くも顧客争奪の火花が散る」(『日本経済新聞』2009 年 12 月 4 日付)

コンビニ A と B は，繁華街である「片町」か，郊外の「元町」のどちらかに出店することを考えている。1 日のコンビニの総利用者数 (客数) は，片町では 1800 人，元町では 900 人と予想されている。客 1 人当たりの平均支出は 1 日当たり 400 円とする。A と B が異なるエリアに出店すれば，それぞれの地域で利用者を独占することができるが，同じエリアに出店した場合は，A は B より 2 倍多い客数を集めることができるとする。

(1) A と B の出店先の組合せをすべて求めなさい。
(2) 出店エリアを戦略，売上金額を利得として利得行列を書きなさい。
(3) B の 2 つの戦略に対して，A の最適応答をそれぞれ求めなさい。
(4) A の 2 つの戦略に対して，B の最適応答をそれぞれ求めなさい。
(5) コンビニの出店ゲームのナッシュ均衡点を求めなさい。

■ヒント： (2) A と B が同じ地域に出店した場合，A の来客数はその地域の客数の $\frac{2}{3}$ であり，B の来客数はその地域の客数の $\frac{1}{3}$ である。
(5) A の戦略は B の戦略に対して最適応答になっていて，B の戦略は A の戦略に対して最適応答となっている戦略の組を探す。

■解答： (1) 戦略の組を (A の出店先, B の出店先) で表すことにすると，以下の 4 つである。

(片町, 片町), (片町, 元町), (元町, 片町), (元町, 元町) (答)

(2)　AもBも片町に出店した場合，AがBの2倍の集客があり，片町の総利用者数は1800人なので，Aは1200人，Bは600人の客を集めることができる。このとき，Aの売上金額は $400 \times 1200 = 48$ 万円，Bの売上金額は $400 \times 600 = 24$ 万円となる。

AもBも元町に出店した場合，元町の総利用者数は900人なので，同様にAは600人，Bは300人の客を集めることができる。したがって，Aの売上金額は $400 \times 600 = 24$ 万円，Bの売上金額は $400 \times 300 = 12$ 万円となる。

Aが片町，Bが元町に出店した場合，それぞれの地域の客を独占できるので，Aの売上金額は $400 \times 1800 = 72$ 万円，Bの売上金額は $400 \times 900 = 36$ 万円となる。Aが元町，Bが片町に出店した場合，Aの売上金額は $400 \times 900 = 36$ 万円，Bの売上金額は $400 \times 1800 = 72$ 万円となる。

以上の計算より，次の利得行列が書ける。

		B 片町	B 元町
A	片町	48, 24	72, 36
A	元町	36, 72	24, 12

（答）

(3)　Bが「片町」のとき，Aは「片町」を選べば48万円の売上金額，「元町」を選べば36万円の売上金額なので，Aの最適応答は「片町」である。Bが「元町」のとき，Aは「片町」を選べば72万円の売上金額，「元町」を選べば24万円の売上金額なので，Aの最適応答は「片町」である。

Bの戦略	片町	元町
Aの最適応答	片町	片町

（答）

(4)　Aが「片町」のとき，Bは「片町」を選べば24万円の売上金額，「元町」を選べば36万円の売上金額なので，Bの最適応答は「元町」である。Aが「元町」のとき，Bは「片町」を選べば72万円の売上金額，「元町」を選べば12万円の売上金額なので，Bの最適応答は「片町」である。

Aの戦略	片町	元町
Bの最適応答	元町	片町

（答）

(5)　(3)より，Bの出店地域がどちらであっても，Aは「片町」に出店する

のが最適応答である。(4)より，Aが「片町」であるとき，Bの最適応答は元町である。よって，このゲームのナッシュ均衡点は (片町, 元町) である。

(片町, 元町)　（答）

■コメント：　(4)より，Bがどちらに出店すべきかは，Aがどちらに出店するのかに依存する。ここで，(3)より，Aは片町に出店すると予想できるので，Bは元町に出店すべきであると判断できる。以上の推論から導かれる結果が，ナッシュ均衡点となっている。

演習 2.2 [価格競争ゲーム*]

ある小さな町に2つの牛丼店「うしの家」と「まち屋」があり、ともに牛丼一品で勝負をしている。この町では、1杯800円であれば町全体で毎週200杯の牛丼への需要があり、価格が100円下がるごとに100杯ずつ需要が増えることがわかっている。「うしの家」と「まち屋」は、どちらも1杯当たり200円の材料費がかかり、従業員の給料や店舗の維持費で1週間当たり30,000円が必要である。また、2つの店は、同じ価格で売り出せば客は半分ずつに分かれ、少しでも一方が安ければ、安いほうの店にすべての客が集中する。それぞれの店は牛丼1杯の価格を100円刻みで設定することができる。

(1) 2店ともに600円のときの牛丼店の利益を求めなさい。

(2) まち屋の価格が600円とする。うしの家の価格が500円のとき、うしの家の利益を求めなさい。

(3) うしの家の価格が300円とする。利益を最大するには、まち屋は価格をいくらに設定すればよいか。

(4) まち屋の価格が200円とする。利益を最大するには、うしの家は価格をいくらに設定すればよいか。

(5) このゲームの純戦略ナッシュ均衡点を2つ求めなさい。

■ヒント： (1) 牛丼店の利益は,

$$(価格 - 1杯当たりの材料費) \times 販売量 - 固定費$$

である。価格が600円のとき，町全体の牛丼の需要量は200杯から200杯増えて400杯となる。2店が同一価格で販売する場合，各店の販売量は町全体の需要量の半分である。
(2) すべての客はうしの家に行くことになる。
(3),(4) うしの家（まち屋）よりも高い価格，同一価格，より安い価格をつけたときの利益は，それぞれどうなるか。
(5) 各店の戦略が他店の戦略に対する最適応答になっているような戦略の組がナッシュ均衡点である。

■解答： (1) 2店ともに価格600円で販売する場合，市場全体の需要量400杯を2分することになるので，販売量は各店200杯ずつである。このとき，2店の利益はいずれも，

$$(600 - 200) \times 200 - 30{,}000 = 50{,}000$$

である。

5万円　(答)

(2) まち屋が600円でうしの家が500円のとき，すべての客がうしの家に集まるので，うしの家の販売量は500杯となる。このとき，うしの家の利益は，

$$(500 - 200) \times 500 - 30{,}000 = 120{,}000$$

である。

12万円　(答)

(3) まち屋が300円よりも高い価格に設定すると，まち屋の販売量は0となるので，30,000円の損失が発生する。うしの家と同じ価格300円に設定した場合，

$$(300 - 200) \times 350 - 30{,}000 = 5{,}000$$

より，5,000 円の利益を得る．うしの家より 100 円低い 200 円としたときには，市場を独占して販売量は 800 杯となるが，価格と限界費用が等しいので，

$$(200-200) \times 800 - 30{,}000 = -30{,}000$$

より，30,000 円の損失が発生する．200 円より低い価格を設定した場合，800 より大きい需要があるが（たとえば，100 円ならば 900 杯，0 円なら 1,000 杯），価格が限界費用よりも低いため，30,000 円よりも大きい損失が発生する．以上より，まち屋の利益を最大にするには，価格を 300 円に設定すればよい．

300 円　（答）

(4) うしの家が 200 円よりも高い価格に設定すると，うしの家の販売量は 0 となるので，30,000 円の損失が発生する．まち屋と同じ価格 200 円に設定した場合，

$$(200-200) \times 400 - 30{,}000 = -30{,}000$$

より，30,000 円の損失が発生する．200 円より低い価格を設定した場合，すべての需要を独占することができるが，価格が限界費用よりも低いため，30,000 円よりも大きい損失が発生する．以上より，うしの家の利益を最大にするには，損失を最小にすればよいので，価格を 200 円以上に設定すればよい．

200 円以上のすべての価格　（答）

(5) (3)より，うしの家の価格が 300 円のとき，まち屋の最適応答は 300 円である．同様に，まち屋の価格が 300 円のとき，うしの家の最適応答は 300 円である．したがって，2 店とも価格 300 円を設定することはナッシュ均衡点である．(4)より，まち屋の価格が 200 円であるとき，うしの家も 200 円に設定することは最適応答（の 1 つ）である．同様に，うしの家の価格が 200 円であるとき，まち屋も 200 円に設定することは最適応答（の 1 つ）である．したがって，2 店とも価格 200 円を設定することはナッシュ均衡点である．

ナッシュ均衡点 1：(うしの家の戦略，まち屋の戦略)=(300 円，300 円)
ナッシュ均衡点 2：(うしの家の戦略，まち屋の戦略)=(200 円，200 円)
　　（答）

演習 2.3 [硬貨合わせゲーム*]

2人のプレイヤーが硬貨を同時に出し合うゲームを考える。2人の出した硬貨が「ともに表」か「ともに裏」である場合はプレイヤー1の勝ち，それ以外はプレイヤー2の勝ちとする。さらに，どちらのプレイヤーも表を出して勝つと，より高い利得が得られるものとする。このゲームを以下のような利得行列で表す。

プレイヤー2

		表	裏
プレイヤー1	表	2, −2	−1, 1
	裏	−2, 2	1, −1

プレイヤー1が表を選ぶ確率を p（裏を選ぶ確率は $1-p$），プレイヤー2が表を選ぶ確率を q（裏を選ぶ確率は $1-q$）で表す。

(1) プレイヤー1の最適応答は次のように表される。空欄にあてはまる適切な数値を答えなさい。さらに，p, q の関係をグラフで表しなさい。

- $q <$ ☐1 のとき，$p =$ ☐2 が最適
- $q >$ ☐1 のとき，$p =$ ☐3 が最適
- $q =$ ☐1 のとき，すべての p が最適（$0 \leq p \leq 1$）

(2) プレイヤー2の最適応答は次のように表される。空欄にあてはまる適切な数値を答えなさい。さらに，p, q の関係をグラフで表しなさい。

- $p <$ ☐4 のとき，$q =$ ☐5 が最適
- $p >$ ☐4 のとき，$q =$ ☐6 が最適
- $p =$ ☐4 のとき，すべての q が最適（$0 \leq q \leq 1$）

(3) このゲームの混合戦略ナッシュ均衡点を求めなさい。

■ヒント： (1), (2) プレイヤー1, 2 が「表」,「裏」を選んだときの期待利得をそれぞれ q, p の式で表す。期待利得のより高いほうが最適応答である。期待利得が等しいとき，すべての戦略が最適応答である。
(3) 各プレイヤーの最適応答のグラフの交点がナッシュ均衡点である。

■解答: (1) プレイヤー2は確率qで表を選ぶ。プレイヤー1が「表」を選んだときの期待利得は,

$$q \times 2 + (1-q) \times (-1) = 3q - 1$$

である。裏を選択したときの期待利得は,

$$q \times (-2) + (1-q) \times 1 = -3q + 1$$

である。期待利得を比較して,$3q - 1 > -3q + 1$ すなわち $q > \frac{1}{3}$ のときは表 ($p = 1$) を選択し,$3q - 1 < -3q + 1$ すなわち $q < \frac{1}{3}$ のときは裏 ($p = 0$) を選択するのが最適応答である。$q = \frac{1}{3}$ のときは,すべての p が最適応答である ($0 \leqq p \leqq 1$)。したがって,プレイヤー1の最適応答は次の表のようになる。

相手の戦略	最適応答
$q < \frac{1}{3}$	$p = 0$
$q > \frac{1}{3}$	$p = 1$
$q = \frac{1}{3}$	$0 \leqq p \leqq 1$

$\boxed{1}\ \frac{1}{3}$, $\boxed{2}\ 0$, $\boxed{3}\ 1$ (答)

プレイヤー2の戦略 q に対する,プレイヤー1の最適応答 p との関係は図 2.1 で表される。

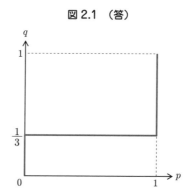

図 2.1 (答)

(2) プレイヤー1は確率 p で表を選ぶ。プレイヤー2が表を選択したときの期待利得は,

$$p \times (-2) + (1-p) \times 2 = -4p + 2$$

である。裏を選択したときの期待利得は，

$$p \times 1 + (1-p) \times (-1) = 2p - 1$$

である。期待利得を比較して，$-4p + 2 > 2p - 1$ すなわち $p < \frac{1}{2}$ のときは表 ($q = 1$) を選択し，$-4p + 2 < 2p - 1$ すなわち $p > \frac{1}{2}$ のときは裏 ($q = 0$) を選択するのが最適応答である。$p = \frac{1}{2}$ のときは，すべての q が最適応答である ($0 \leqq q \leqq 1$)。したがって，プレイヤー2の最適応答は次の表のようになる。

相手の戦略	最適応答
$p < \frac{1}{2}$	$q = 1$
$p > \frac{1}{2}$	$q = 0$
$p = \frac{1}{2}$	$0 \leqq q \leqq 1$

4 $\frac{1}{2}$, 5 1, 6 0 （答）

プレイヤー1の戦略 p に対する，プレイヤー2の最適応答 q との関係は図2.2で表される。

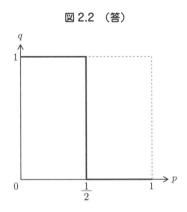

図2.2 （答）

(3) 2人のプレイヤーの最適応答グラフを重ねて描くと図2.3のようになる。

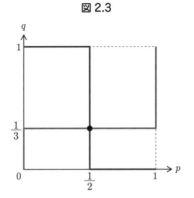

図 2.3

グラフの交点は，

$$(p, q) = \left(\frac{1}{2}, \frac{1}{3}\right)$$

である。$q = \frac{1}{3}$ のとき，すべての p が最適応答であるから，$p = \frac{1}{2}$ も最適応答である。$p = \frac{1}{2}$ のとき，すべての q が最適応答であるから，$q = \frac{1}{3}$ も最適応答である。すなわち，交点は混合戦略ナッシュ均衡点を表している。

> プレイヤー 1：確率 $\frac{1}{2}$ で表，確率 $\frac{1}{2}$ で裏を選ぶ。
> プレイヤー 2：確率 $\frac{1}{3}$ で表，確率 $\frac{2}{3}$ で裏を選ぶ。 （答）

■コメント： 「表」を出して勝つと，より高い利得が得られるので，「表」を出す確率を高くしたくなりがちであるが，実はそれは必ずしもよい選択ではない。なぜなら，相手にその行動を「読まれて」しまうと，ゲームに負ける確率が高くなるからである。ナッシュ均衡点では，プレイヤー 1 は表と裏を等確率で出し，プレイヤー 2 は表を出す確率をむしろ少なめにすることになっていて興味深い。

演習 2.4 [読者獲得ゲーム*]

2つのファッション誌の編集部，JとRが，11月号の表紙にどのタレントを採用するかを考えている。1つの候補は「男性アイドル」で，もう1つの候補は「女性モデル」である。両者の熱心なファンは，自分の好きなタレントが表紙になっている雑誌を必ず購入するものとし，もし両雑誌が同じタレントの表紙の場合は，確率 $\frac{1}{2}$ で一方の雑誌を購入するものとする。

(1) 男性アイドルには熱心なファンが5万人，女性モデルには熱心なファンが5万人おり，各編集部は販売部数を競っている。販売部数を利得として，この状況を表す利得行列を書きなさい。

(2) 編集部Jと編集部Rの純戦略の最適応答をそれぞれ求めなさい。

(3) (1)で求めた利得行列で表される読者獲得ゲームのナッシュ均衡点を，純戦略の場合，混合戦略の場合について，すべて求めなさい。

■ヒント: (1) 同じタレントを表紙に選んだ場合，そのタレントのファン数の半分しか販売されない。
(2) 最適応答は，相手の各戦略に対して，最適となる自分の戦略である。
(3) 純戦略と混合戦略のナッシュ均衡点がある。混合戦略ナッシュ均衡点を求めるには，チェック 2.4 (2)（33頁）で示されている性質を用いるとよい。

■解答: (1) 同じタレントを表紙に採用した場合，そのタレントのファンの半分しか獲得できないが，異なるタレントを採用した場合，そのファン全員を購入に結びつけることができる。すなわち，

- 編集部 J（以下，J）が男性アイドル，編集部 R（以下，R）も男性アイドルを表紙に選んだ場合，熱心なファンへの J の販売部数は 2.5 万部，R の販売部数は 2.5 万部，
- J が男性アイドル，R が女性モデルを表紙に選んだ場合，熱心なファンへの J の販売部数は 5 万部，R の販売部数は 5 万部，
- J が女性モデル，R が男性アイドルを表紙に選んだ場合，熱心なファンへの J の販売部数は 5 万部，R の販売部数は 5 万部，
- J が女性モデル，R も女性モデルを表紙に選んだ場合，熱心なファンへの J の販売部数は 2.5 万部，R の販売部数は 2.5 万部，

となる．したがって，販売部数を利得とする戦略形ゲームの利得行列は，次のように書ける（単位：万部）．

		R	
		男性アイドル	女性モデル
J	男性アイドル	2.5, 2.5	5, 5
	女性モデル	5, 5	2.5, 2.5

（答）

(2) Rの戦略「男性アイドル」に対して，Jも「男性アイドル」を選べば2.5万部の販売部数，「女性モデル」を選べば5万部の販売部数であるので，Rの戦略「男性アイドル」に対するJの最適応答は「女性モデル」である．次に，Rの戦略「女性モデル」に対して，Jが「男性アイドル」を選べば5万部の販売部数，「女性モデル」を選べば2.5万部の販売部数であることから，Rの戦略「女性モデル」に対するJの最適応答は「男性アイドル」である．

Rの戦略	男性アイドル	女性モデル
Jの最適応答	女性モデル	男性アイドル

（答）

Jの戦略「男性アイドル」に対して，Rも「男性アイドル」を選べば2.5万部の販売部数，「女性モデル」を選べば5万部の販売部数であるので，Jの戦略「男性アイドル」に対するRの最適応答は「女性モデル」である．Jの戦略「女性モデル」に対して，Rが「男性アイドル」を選べば5万部の販売部数，「女性モデル」を選べば2.5万部の販売部数であることから，Jの戦略「女性モデル」に対するRの最適応答は「男性アイドル」である．

Jの戦略	男性アイドル	女性モデル
Rの最適応答	女性モデル	男性アイドル

（答）

(3) まず，純戦略の場合を考える．Jの戦略「男性アイドル」に対して，Rの戦略「女性モデル」は最適応答であり，また，Rの戦略「女性モデル」に対して，Jの戦略「男性アイドル」は最適応答であるので，戦略の組 (Jの戦略, Rの戦略) = (男性アイドル, 女性モデル) は純戦略のナッシュ均衡点である．同様に，(女性モデル, 男性アイドル) も，純戦略のナッシュ均衡点である．

次に，混合戦略の場合を考える．Rが「男性アイドル」を選ぶ確率を q と

する。このとき，Jが「男性アイドル」を選んだときの期待利得は，$q \times 2.5 + (1-q) \times 5 = 5 - 2.5q$ である。また，Jが「女性モデル」を選んだときの期待利得は，$q \times 5 + (1-q) \times 2.5 = 2.5 + 2.5q$ である。

混合戦略でのナッシュ均衡点では，この2つの期待利得は等しくなければならないので，$5 - 2.5q = 2.5 + 2.5q$，すなわち，$q = \frac{1}{2}$ でなければならない。同様に，Jが「男性アイドル」を選ぶ確率 p が混合戦略でのナッシュ均衡点であるためには，$p = \frac{1}{2}$ でなければならない。したがって，混合戦略でのナッシュ均衡点では，JもRも「男性アイドル」を確率 $\frac{1}{2}$ で選択する。

> 純戦略のナッシュ均衡点：
> 　(男性アイドル，女性モデル)，(女性モデル，男性アイドル)
> 混合戦略のナッシュ均衡点：　　　　　　　　　　　　　　　　(答)
> 　J：確率 $\frac{1}{2}$ で男性アイドル，確率 $\frac{1}{2}$ で女性モデルを選ぶ
> 　R：確率 $\frac{1}{2}$ で男性アイドル，確率 $\frac{1}{2}$ で女性モデルを選ぶ

■コメント： 純戦略のナッシュ均衡点では，両誌ともに「男性アイドル」を選ぶことはない。一方，混合戦略のナッシュ均衡点では，結果的にJもRも「男性アイドル」を表紙に選ぶ可能性（確率 $\frac{1}{4}$）がある。

女性ファッション雑誌『JJ』と『Ray』は，ともに2011年11月号の表紙に「東方神起」を採用した。同日発売の雑誌で，同一タレントを採用することは慣習的に避けられてきたという。しかし，11月号で両誌ともに「東方神起」を選んだのは，両誌ともにナッシュ均衡点となる混合戦略をプレイしていたとも考えられる。

演習 2.5 [3 × 3 ゲーム*]

2人でじゃんけんをして，勝ったときは相手から 100 円もらい（負けたときは相手に 100 円渡す），引き分けのときはお金のやりとりを行わないとする。どちらのプレイヤーもリスク中立的であるとして，このゲームの利得行列を次のように設定する。

		プレイヤー 2		
		グー	チョキ	パー
プレイヤー 1	グー	0, 0	100, −100	−100, 100
	チョキ	−100, 100	0, 0	100, −100
	パー	100, −100	−100, 100	0, 0

(1) このゲームに純戦略ナッシュ均衡点がないことを説明しなさい。
(2) 互いにグー，チョキ，パーを $\frac{1}{3}$ の確率で出す混合戦略をとることがこのゲームのナッシュ均衡点となることを説明しなさい。

■**ヒント**： (1) 相手の各純戦略に対する最適応答を列挙し，互いに最適応答となるような戦略の組がないことを確認すればよい。
(2) 相手の混合戦略がグー，チョキ，パーを $\frac{1}{3}$ ずつの確率で出すものであるとき，各純戦略によって得られる期待利得をそれぞれ計算する。そのうえで，確率 p でグー，確率 q でチョキ，確率 r でパーを出す混合戦略によって得られる期待利得はどうなるかを考える。

■**解答**： (1) プレイヤーの純戦略の範囲での最適応答は次の表のようになる。

相手の戦略	グー	チョキ	パー
最適応答	パー	グー	チョキ

表より，グーに対する最適応答はパーであり，パーに対する最適応答はチョキであり，チョキに対する最適応答はグーである。すなわち，互いに最適応答となる純戦略の組は存在しない。

(2) プレイヤー 2 がグー，チョキ，パーをそれぞれ確率 $\frac{1}{3}$ で出すとする。このとき，プレイヤー 1 が確率 1 でグーを出す純戦略による期待利得は，

$$\frac{1}{3} \times 0 + \frac{1}{3} \times 100 + \frac{1}{3} \times (-100) = 0$$

確率 1 でチョキを出す純戦略の期待利得は,

$$\frac{1}{3} \times (-100) + \frac{1}{3} \times 0 + \frac{1}{3} \times 100 = 0$$

確率 1 でパーを出す純戦略の期待利得は,

$$\frac{1}{3} \times 100 + \frac{1}{3} \times (-100) + \frac{1}{3} \times 0 = 0$$

となり,どの純戦略を選んでも期待利得は同じ 0 である。プレイヤー 1 が確率 p でグー,確率 q でチョキ,確率 r でパーを出す混合戦略によって得られる期待利得は,

$$p \times 0 + q \times 0 + r \times 0 = 0$$

である。すなわち,プレイヤー 1 がどのような混合戦略を選んでも期待利得は 0 である。つまり,プレイヤー 1 のすべての混合戦略が最適応答となるので,プレイヤー 1 がグー,チョキ,パーをそれぞれ $\frac{1}{3}$ の確率で出す混合戦略も最適応答である。

　同様に,プレイヤー 1 がグー,チョキ,パーを確率 $\frac{1}{3}$ で出すとき,プレイヤー 2 がどの純戦略を選んでも期待利得は 0 となるので,プレイヤー 2 がどのような混合戦略を選んでも期待利得は 0 である。つまり,プレイヤー 2 のすべての混合戦略が最適応答となるので,プレイヤー 2 がグー,チョキ,パーをそれぞれ $\frac{1}{3}$ の確率で出す混合戦略も最適応答である。

　以上より,どちらのプレイヤーもグー,チョキ,パーをそれぞれ $\frac{1}{3}$ の確率で出すという混合戦略の組はナッシュ均衡点である。

演習 2.6 [弱支配戦略と逐次削除]

次の利得行列で表される戦略形ゲームを考える。

		プレイヤー 2		
		L	C	R
プレイヤー 1	T	1, 1	2, 1	2, 2
	M	2, 2	2, 2	4, 2
	B	2, 2	3, 2	3, 3

(1) 支配される戦略，支配戦略を答えなさい。

(2) 弱支配される戦略，弱支配戦略を答えなさい。

(3) 支配される戦略の逐次削除で残る戦略を求めなさい。

(4) 弱支配される戦略の逐次削除で残る戦略を求めなさい。

(5) 純戦略ナッシュ均衡点を求めなさい。

■ヒント： (1),(2) 支配される（弱支配される）戦略，支配（弱支配）戦略の概念については本章の要点整理「戦略の支配」の項目を参照しなさい。

(3),(4) 支配（または弱支配）される戦略を除いたうえで，戦略形ゲームを書き直し，戦略の支配関係をもう一度確認するという作業を繰り返せばよい。

(5) 支配される戦略は相手のどの戦略に対しても最適応答になりえないので，支配される戦略は，純戦略ナッシュ均衡点を構成する戦略とはならない。

■解答： (1) プレイヤー 1 にとって，戦略 T は戦略 B に支配される。しかし，プレイヤー 1 にとって他のすべての戦略を支配する戦略は存在しないので，支配戦略はない。一方，プレイヤー 2 にとって支配される戦略は存在せず，支配戦略も存在しない。

(2) プレイヤー 1 にとって，戦略 T は戦略 B に弱支配される。さらに，戦略 T は戦略 M にも弱支配される。しかしながら，戦略 B と戦略 M の間に弱支配の関係はないので，弱支配戦略は存在しない。プレイヤー 2 にとって，戦略 L は戦略 R に弱支配され，戦略 C は戦略 R に弱支配される。したがって，戦略 R はプレイヤー 2 にとって弱支配戦略である。

(3) まず，支配される戦略の逐次削除を考える。プレイヤー 1 の戦略 T が削除され，

	L	C	R
M	2, 2	2, 2	4, 2
B	2, 2	3, 2	3, 3

となる。しかし，上記の戦略形ゲームでは支配される戦略は存在しないため，削除される戦略は存在しない。

> プレイヤー1：M, B
> プレイヤー2：L, C, R　（答）

(4) 次に，弱支配される戦略の逐次削除を考えてみよう。

まず，プレイヤー1の戦略Tが削除され，(3)の戦略形ゲームが得られる。ここで，プレイヤー2にとって戦略Lも戦略Cも戦略Rに弱支配されている。したがって，戦略Lを削除するか，それとも，戦略Cを削除するかの2つの場合がありうる。まず，戦略Lが削除されるとする。そうすると，

	C	R
M	2, 2	4, 2
B	3, 2	3, 3

となる。この戦略形ゲームではプレイヤー1は弱く支配される戦略を持たず，プレイヤー2は戦略Cが戦略Rに弱支配される。戦略Cを削除すると，

	R
M	4, 2
B	3, 3

となり，プレイヤー1の戦略Bが削除され，MとRが残る。

一方，戦略Cが先に削除された場合，戦略形ゲームは，

	L	R
M	2, 2	4, 2
B	2, 2	3, 3

となり，プレイヤー1にとって戦略Bが戦略Mに弱支配される。したがって，戦略Bを削除すると，

	L	R
M	2, 2	4, 2

となる．戦略Lと戦略Rはプレイヤー2にとって無差別であるので，この場合の支配される戦略の逐次削除で残る戦略は，プレイヤー1はM，プレイヤー2はLとRである．つまり，弱支配される戦略の逐次削除では，削除する戦略の順序によって残る戦略が異なる場合がある．

プレイヤー1：M　　　　プレイヤー1：M
　　　　　　　または，　　　　　　　　　　（答）
プレイヤー2：R　　　　プレイヤー2：L, R

(5) 純戦略ナッシュ均衡点は (M, L) と (M, R) である．

(M, L)，(M, R)　（答）

■コメント： ナッシュ均衡点は，支配される戦略の逐次削除で残る戦略の組に含まれる．一方，弱支配される戦略の逐次削除で残る戦略の組に，ナッシュ均衡点は必ずしも含まれない．

演習 2.7 [ミニマックス定理]

サッカーのペナルティキック（PK）において，キッカーの戦略は「左に蹴る」（L）か「右に蹴る」（R）かであり，キーパーの戦略は「左を守る」（ℓ）か「右を守る」（r）かである．次の表内の数値は，キックの成功確率を表している．キッカーは，成功確率の最大化を目指して行動し，キーパーは成功確率の最小化を目指して行動する．

		キーパー	
		ℓ	r
キッカー	L	0.4	0.7
	R	0.8	0.1

(1) キッカーのマックスミニ戦略とマックスミニ値を混合戦略の範囲で求めなさい．

(2) キーパーのミニマックス戦略とミニマックス値を混合戦略の範囲で求めなさい．

■**ヒント：** (1) キッカーが戦略 L を選ぶ確率を p とする．キーパーの戦略が ℓ および r のときのキッカーの期待成功確率をそれぞれ p の式として表し，その 2 つの式についてグラフを描く．2 つのグラフのうちより下方に位置する部分がキッカーの保証水準のグラフである．マックスミニ値は保証水準の最大値である．
(2) キーパーの戦略 ℓ を選ぶ確率が q であるとき，キッカーの戦略が L および R のときのキッカーの期待成功確率をそれぞれ q の式として表し，その 2 つの式についてグラフを描く．2 つのグラフのうちより上方に位置する部分が，キーパーの保証水準のグラフである．ミニマックス値は保証水準の最小値である．

■**解答：** (1) キッカーが L をプレイする確率を p とする．キーパーの戦略が ℓ のとき，キックの期待成功確率は，

$$p \times 0.4 + (1-p) \times 0.8 = -0.4p + 0.8$$

である．キーパーの戦略が r のとき，キックの期待成功確率は，

$$p \times 0.7 + (1-p) \times 0.1 = 0.6p + 0.1$$

である．キッカーの保証水準は成功確率の小さいほうなので，

- $p < 0.7$ のとき，$0.6p + 0.1$
- $p > 0.7$ のとき，$-0.4p + 0.8$
- $p = 0.7$ のとき，$0.6p + 0.1 = -0.4p + 0.8 = 0.52$

である．これらをグラフで表すと**図2.4**のようになる．

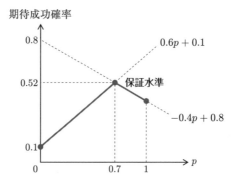

図2.4

図2.4 より，保証水準は $p = 0.7$ のとき，最大値 0.52 をとることがわかる．

> マックスミニ戦略：確率 0.7 で左，確率 0.3 で右に蹴る．
> マックスミニ値：0.52　　　　　　　　　　　　　　　　（答）

(2) キーパーが ℓ をプレイする確率を q とする．キッカーの戦略が L のとき，キックの期待成功確率は，

$$q \times 0.4 + (1-q) \times 0.7 = -0.3q + 0.7$$

である．キッカーの戦略が R のとき，キックの期待成功確率は，

$$q \times 0.8 + (1-q) \times 0.1 = 0.7p + 0.1$$

である．キーパーの保証水準は成功確率の高いほうなので，

- $q < 0.6$ のとき，$-0.3q + 0.7$
- $q > 0.6$ のとき，$0.7q + 0.1$
- $q = 0.6$ のとき，$-0.3q + 0.7 = 0.7p + 0.1 = 0.52$

である．これらをグラフで表すと**図2.5**のようになる．

図 2.5

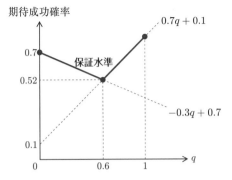

図 2.5 より，キーパーの保証水準は $q = 0.6$ のとき，最小値 0.52 をとることがわかる。

> ミニマックス戦略：確率 0.6 で左，確率 0.4 で右を守る。
> ミニマックス値：0.52 （答）

■コメント： キッカーのマックスミニ値とキーパーのミニマックス値は一致しているが，このことは一般に成立する。すなわち，

> 「ゼロ和 2 人ゲームでは，混合戦略でのマックスミニ値と
> ミニマックス値は等しい」

この事実は**ミニマックス定理**として知られていて，一致する値のことを**ゲームの値**という。また，ゼロ和ゲームでは，マックスミニ戦略とミニマックス戦略の組はナッシュ均衡点である（⇒ 練習問題 2.2）。

演習 2.8［相関戦略と相関均衡］

　毎朝駅前に出店する 2 軒のニュース・スタンド A と B がある。出店場所は駅の「東口 (E)」か「西口 (W)」かのいずれかであり，A と B は毎朝どちらに出店するかを決める。A と B の出店場所が異なれば，各店が各場所での顧客を独占することができるが，同一である場合，顧客を二分することになる。また，西口はビジネス街で，東口よりも顧客数は多い。この状況を次の利得行列で表す。

		B	
		東口 (E)	西口 (W)
A	東口 (E)	2, 2	4, 6
	西口 (W)	6, 4	3, 3

(1) A と B が独立に混合戦略を用いて出店場所を選ぶとき，「確率 50% で (E, W)，確率 50% で (W, E)」というプレイが実現しないことを示しなさい。

(2) A と B がそれぞれ早朝（午前 6:00）の天気に応じて出店場所を決める。このとき，次のような戦略を考える。
- 戦略 EW：「雨が降っていれば E，降っていなければ W」
- 戦略 WE：「雨が降っていれば W，降っていなければ E」
- 戦略 EE：「天気にかかわらず E」
- 戦略 WW：「天気にかかわらず W」

早朝に雨が降る確率が 50% であるとき，A と B がとりうる戦略の組と期待利得の関係を利得行列で表しなさい。

(3) (2)で求めた利得行列で表される戦略形ゲームのナッシュ均衡点および均衡利得を求めなさい。

■ヒント: (1) AがEを選ぶ確率をp, BがEを選ぶ確率をqとして, (E, W), (W, E), (E, E), (W, W) がプレイされる確率をそれぞれp, qの式で表す.
(2) たとえば, A, Bともに戦略EWを選択した場合, 確率50%で (E, E), 確率50%で (W, W) がプレイされることになる. このとき, AとBの期待利得はどちらも $0.5 \times 2 + 0.5 \times 3 = 2.5$ である. 同様に, すべての戦略の組について, 各プレイヤーの期待利得を計算する.

■解答: (1) AがEを選ぶ確率をp, BがEを選ぶ確率をqとする. 題意のプレイが実現されるのは,

$$p(1-q) = (1-p)q = 0.5 \tag{2.1}$$

$$pq = (1-p)(1-q) = 0 \tag{2.2}$$

のときである. (2.1) 式より, $p, q \neq 0$ (あるいは $p, q \neq 1$) でなければならない. 一方, (2.2) 式より $p = 0$ または $q = 0$ (あるいは $p = 1$ または $q = 1$) でなければならない. つまり, (2.1) 式と (2.2) 式を同時に満たす p, q は存在しない. よって, AとBが独立に出店場所を選ぶとき, 題意のプレイは実現できない.

(2) A, Bともに戦略EWを選択した場合, 確率50%で (E, E), 確率50%で (W, W) がプレイされることになる. このとき, AとBの期待利得はともに $0.5 \times 2 + 0.5 \times 3 = 2.5$ である. A, Bともに戦略WEを選択した場合も同様である.

AがEW, BがWEを選択した場合, 確率50%で (E, W), 確率50%で (W, E) がプレイされることになる. このとき, AとBの期待利得はともに $0.5 \times 6 + 0.5 \times 4 = 5$ である. AがWEでBがEWを選択した場合も同様である.

AがEW, BがEEを選択した場合, 確率50%で (E, E), 確率50%で (W, E) がプレイされることになる. このとき, Aの期待利得は $0.5 \times 2 + 0.5 \times 6 = 4$, Bの期待利得は $0.5 \times 2 + 0.5 \times 4 = 3$ である.

AがEW, BがWWを選択した場合, 確率50%で (E, W), 確率50%で (W, W) がプレイされることになる. このとき, Aの期待利得は $0.5 \times 4 + 0.5 \times 3 = 3.5$, Bの期待利得は $0.5 \times 6 + 0.5 \times 3 = 4.5$ である.

その他の戦略の組についても同様に計算すると, 利得行列は次のようになる.

		B			
		EW	WE	EE	WW
A	EW	2.5, 2.5	5, 5	4, 3	3.5, 4.5
	WE	5, 5	2.5, 2.5	4, 3	3.5, 4.5
	EE	3, 4	3, 4	2, 2	4, 6
	WW	4.5, 3.5	4.5, 3.5	6, 4	3, 3

(答)

(3) ニュース・スタンドの最適応答は A, B ともに同じで，次の表のようになる。

相手の戦略	EW	WE	EE	WW
最適応答戦略	WE	EW	WW	EE

表より，このゲームの純戦略ナッシュ均衡点は，

$$(EW, WE), \quad (WE, EW), \quad (EE, WW), \quad (WW, EE) \quad (答)$$

利得行列より，均衡利得はそれぞれ，

$$(5, 5), \quad (5, 5), \quad (4, 6), \quad (6, 4) \quad (答)$$

■コメント： 確率的なシグナルに応じて行動を決めるような戦略のことを**相関戦略**という。(2)で導入された，天候のようなプレイヤー共通のシグナルを用いると，プレイヤーの戦略の選択を完全に相関させることができるので，お互いが独立に戦略を選ぶときには実現できないようなプレイ（の確率分布）を実現することができる。

シグナルの仕組みを工夫することにより，さまざまなプレイ（の確率分布）を構成することができるので，実現可能な利得の範囲（集合）が拡大する。相関戦略も含めた（戦略の集合を拡大した）ゲームのナッシュ均衡点を**相関均衡**という。

(3)で見たように，問題文の利得行列で表されるゲームのナッシュ均衡点 (W, E), (E, W) は相関均衡でもあるが ((WW, EE) と (EE, WW))，相関均衡はそれ以外にも存在する ((EW, WE) と (WE, EW))。とくに，A と B が独立に出店場所を選ぶ場合では実現できなかったプレイが相関均衡として実現できていることに注意しよう。相関均衡の考え方は，確率的なシグナルを用いてプレイヤー同士の協調を達成する方法として有効である。

4 練習問題

問題 2.1 [純戦略ナッシュ均衡点*]

次の利得行列で表される戦略形ゲームの純戦略ナッシュ均衡点をすべて求めなさい。

(1)
	L	R
T	3, 2	0, 4
B	4, 0	1, 1

(2)
	L	R
T	1, 1	1, 0
B	0, 3	2, 2

(3)
	L	R
T	0, 2	2, 3
B	2, 1	1, 0

(4)
	L	R
T	3, 2	1, 1
B	2, 0	2, 1

(5)
	L	C	R
T	0, 2	2, 1	1, 3
M	2, 2	1, 0	0, 1
B	1, 0	3, 1	0, 0

問題 2.2 [混合戦略ナッシュ均衡点*]

以下の利得行列で表される戦略形ゲームの混合戦略ナッシュ均衡点を求めなさい。

キーパー

	ℓ	r
キッカー L	0.4, −0.4	0.7, −0.7
R	0.8, −0.8	0.1, −0.1

問題 2.3 [軍拡競争*]

ある 2 国（A 国，B 国）が対立しており，対抗上，それぞれの国が軍備を拡張するか否かを考えている．それぞれの国では，相手国が軍備を拡張しないときに，自国が軍備を拡張する状況が一番望ましい（利得 4）と考えており，次に，どちらの国も軍備を拡張しない状態（利得 3），次に，双方が軍備を拡張する状態（利得 2），そして，最悪の結果は，相手国が軍備を拡張するときに軍備を拡張しない（利得 1）ことと考えている．

(1) 上記の状況を利得行列で表しなさい．

(2) ナッシュ均衡点を求めなさい。

問題 2.4 ［携帯キャリア間の価格競争］

携帯キャリア S 社は同じく携帯キャリア D 社の顧客を奪うために，低価格戦略をとってきた。そうした価格戦略に対して，D 社はすぐには対抗せず，それまでの料金水準を維持して，ある程度シェアを落としてから対抗料金制度を導入していた。携帯キャリアは D 社と S 社の 2 社しか存在しないものとする。D 社の契約者シェアは 70%，S 社のシェアは 30% とする。マーケットの規模（ユーザー数）は 1000 人とする。競争相手が高価格のとき，低価格戦略をとれば，マーケットの 10% 分のシェアを拡大できる。

1 人当たりの売上高は，高価格のときが 9，低価格のときが 7 とする（単位省略）。

(1) D 社が高価格，S 社が低価格のときの D 社の売上高を求めなさい。
(2) D 社が低価格，S 社が低価格のときの S 社の売上高を求めなさい。
(3) 売上を利得として，この価格競争を利得行列で表しなさい。
(4) S 社の低価格戦略に対する D 社の最適応答を求めなさい。
(5) D 社の高価格戦略に対する S 社の最適応答を求めなさい。
(6) この価格競争の純戦略ナッシュ均衡点を求めなさい。

問題 2.5 ［クールノー競争*］

同一種類の財を生産する企業 1 と企業 2 による複占市場を考える。各企業の生産量を q_1, q_2 とする。p を市場価格として，この市場の需要関数は $p = 18 - (q_1 + q_2)$ で与えられている。両企業の費用構造は同一で 1 単位の生産につき 3 の費用がかかるとし，固定費用はないものとする。

(1) 企業の生産量がそれぞれ q_1, q_2 であるとき，各企業の利潤を q_1, q_2 の式で表しなさい。
(2) 企業 2 の生産量 q_2 を所与として，企業 1 の利潤を最大にする q_1 を q_2 の式で表しなさい。
(3) 企業 1 の生産量 q_1 を所与として，企業 2 の利潤を最大にする q_2 を q_1 の式で表しなさい。

(4) 各企業の生産量を戦略とし，利潤を利得とした戦略形ゲームのナッシュ均衡点を求めなさい。

問題 2.6 [ベルトラン競争*]

市場には企業 1 と企業 2 が存在し，どちらも完全に同質の財を生産しているとする。2 社が直面している市場需要曲線は $D = 18 - p$（ただし D は総需要，p は財の価格）である。2 社とも費用構造は同一であり，固定費用はゼロで，1 単位の生産につき 3 の費用がかかる。2 社はそれぞれ財の価格 p_1, p_2 を選択する。もし，2 社が選択した価格が異なったときは（$p_1 \neq p_2$），より低い価格をつけた企業が，その価格での市場の需要を独占し，高い価格をつけた企業の財に対する需要は 0 となる。2 社が同一の価格を選択した場合には（$p_1 = p_2$），その価格での市場の需要を 2 社で等しく分けあうとする。

(1) $p_1 = 5, p_2 = 3$ のとき，2 社の利潤をそれぞれ求めなさい。
(2) $p_1 = 2, p_2 = 3$ のとき，2 社の利潤をそれぞれ求めなさい。
(3) $p_2 = 3$ のとき，企業 1 の最適応答を求めなさい。
(4) $p_1 = p_2 = 3$ が，このゲームのナッシュ均衡点であることを示しなさい。

問題 2.7 [差別化された製品の価格競争*]

企業 1 と企業 2 は主力商品のカレーで競争している。企業 1 の製品と企業 2 の製品は差別化されており，2 社のカレーの需要はライバル企業の価格に依存するが，自社価格がライバル企業の価格よりも多少高くても，需要が完全になくなるわけではない。2 社が設定した価格が p_1, p_2 であるとき，2 社の製品に対する需要量 D_1, D_2 は次の需要関数で与えられている。

$$D_1 = 9 - p_1 + 0.5p_2$$
$$D_2 = 9 + 0.5p_1 - p_2$$

2 社の費用構造は同一で 1 単位の生産につき 3 の費用がかかるとし，固定費用はないものとする。

(1) p_1, p_2 を用いて，2 社の利潤をそれぞれ表しなさい。
(2) 企業 2 の価格 p_2 を所与として，企業 1 の利潤を最大にする価格 p_1 を p_2

を用いて表しなさい。同様に，p_1 を所与として，企業 2 の利潤を最大にする p_2 を p_1 を用いて表しなさい。

(3) 2 社が設定する価格を戦略とし，2 社の利潤を利得とする戦略形ゲームのナッシュ均衡点を求めなさい。

問題 2.8 ［じゃんけんゲーム］

2 人でじゃんけんをして，グーで勝った場合は相手から 300 円もらい，チョキかパーで勝った場合は相手から 100 円もらい，引き分けの場合はお金のやりとりを行わないとする。どちらのプレイヤーもリスク中立的であるとして，このゲームの利得行列を次のように設定する。このゲームの混合戦略ナッシュ均衡点を求めなさい。

		プレイヤー 2		
		グー	チョキ	パー
プレイヤー 1	グー	0, 0	300, −300	−100, 100
	チョキ	−300, 300	0, 0	100, −100
	パー	100, −100	−100, 100	0, 0

問題 2.9 ［支配される戦略と逐次削除］

以下の利得行列で表されるゲーム 1，ゲーム 2，ゲーム 3 がある。

ゲーム 1

		プレイヤー 2		
		L	C	R
プレイヤー 1	T	4, 3	2, 7	0, 4
	B	5, 5	5, 1	−4, −2

ゲーム 2

		プレイヤー 2		
		L	C	R
プレイヤー 1	T	2, 2	2, 1	1, 0
	B	2, 1	2, 2	0, 2

ゲーム3

		プレイヤー2		
		L	C	R
	T	3, 3	4, 3	6, 3
プレイヤー1	M	3, 4	7, 7	5, 8
	B	3, 6	8, 5	2, 2

(1) 各ゲームの支配される戦略，支配戦略をそれぞれ答えなさい。

(2) 各ゲームの弱支配される戦略，弱支配戦略をそれぞれ答えなさい。

(3) 各ゲームの支配される戦略の逐次削除，および弱支配される戦略の逐次削除で残る戦略の組を，それぞれ求めなさい。

(4) 純戦略ナッシュ均衡点を求めなさい。

問題 2.10 [硬貨合わせゲーム]

演習2.3の硬貨合わせゲームを考える。

		プレイヤー2	
		表	裏
プレイヤー1	表	2	−1
	裏	−2	1

(1) プレイヤー1のマックスミニ戦略を求めなさい。

(2) プレイヤー2のミニマックス戦略を求めなさい。

実験してみよう❷

次の実験は，戦略形ゲームが複数のナッシュ均衡にもとづき，どの均衡点が選ばれるかを調べるものである。

> 質問：次の戦略形ゲームで表される家事分担に関するゲームをあなたのパートナーと行う。あなたはどちらの戦略を選択しますか？ パートナーと話し合わずに，あなたの選択を決定してください。
>
> | | | パートナー | |
> |---|---|---|---|
> | | | 家事をやる | やらない |
> | あなた | 家事をやる | 2, 2 | 1, 4 |
> | | やらない | 4, 1 | 0, 0 |
>
> あなたの選択する戦略に○をつけてください。
>
> 　　　　あなたの選択　　　（ 家事をやる ・ やらない ）
>
> (補足説明) このゲームは，誰も家事をしないと家が汚れて最悪の状況（利得0）になるので，少なくともどちらかが家事をやることが望ましい。しかしどちらも自分は家事をやらずにパートナーに家事をやってもらいたいと思っている状況を表している。

■解説： この実験のゲームの利得行列は，チキン・ゲームとして知られているものである。このゲームには2つの純戦略ナッシュ均衡点が存在する。戦略の組を(あなたの戦略，パートナーの戦略)で表せば，1つのナッシュ均衡点は(家事をやる，やらない)であり，もう1つは(やらない，家事をやる)である。2005年にノーベル経済学賞を受賞したトーマス・シェリングは，ナッシュ均衡点が複数存在する状況でどちらのナッシュ均衡点が選ばれるかは，利得以外の要素，たとえば，文化，評判，慣習などが影響すると考えた。

そこで，筆者の1人が運営する大阪経済大学宮川ゼミナール所属の2年生(2013, 14年，男性23名，女性19名)に上記のゲームをプレイしてもらった。結果として，男性の47.8%，女性の84.2%が「家事をやる」を選択した。

参加人数が少ないため一般的な傾向とはいえないが，男性より女性のほうがかなり高い割合で「家事をやる」を選択している点は注目に値する。伝統的に女性が家事をするという古い社会慣習の存在が，このゲームでの男女の選択に影響を与えているのかもしれない。

第 3 章

ダイナミックなゲーム

要点整理

● ねらい

この章では，時間の推移とともにゲームが進行するダイナミックな状況を表す「展開形ゲーム」の基礎を学ぶ。まず，展開形ゲームにおける戦略の概念を正しく理解する。さらに，具体的な状況をゲームの木を用いて表現し，後向き帰納法により部分ゲーム完全均衡点を求めることができるようになる。

1　要点整理

ゲームの木：プレイヤーたちが逐次的に行動を選択するようなダイナミックなゲームは，**ゲームの木**で表現される。ゲームの木は，**点**と**枝**から構成される。プレイヤーの利得は終点で定義される。終点以外の点は**手番**を表し，枝はその手番におけるプレイヤーの**行動**を表す。プレイヤーの選択とは無関係に確率的に選択される手番は**偶然手番**という。初期点からある点までの枝の系列を**パス**，あるいは**履歴**という。初期点からある終点までのパスを，ゲームの**プレイ**という。

図 3.1 のゲームの木では，初期点 a でプレイヤー 1 が枝 L か R を選択し，点 b ではプレイヤー 2 が ℓ_1 か r_1 を選択し，点 c ではプレイヤー 2 が ℓ_2 か r_2 を選択し，終了するゲームを表している。初期点 a から点 b に至る枝 L が，点 b へのパスとなり，また，初期点 a から終点 T_4 までのパス (R, r_2) はこのゲームのプレイの 1 つとなる。

情報集合：プレイヤーたちのゲームの履歴についての情報は，情報集合で表現される。**情報集合**とは，プレイヤーの手番の部分集合である。プレイヤーが行動を選択するとき，同じ情報集合内にある手番は区別できない。

図 3.1

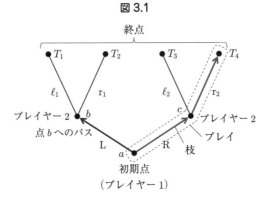

図 3.2 のゲームでは，プレイヤー 1 の手番は a, d, e, f, g であり，プレイヤー 1 の情報集合は $\{a\}$，$\{d, e\}$，$\{f, g\}$ である．たとえば，情報集合の $\{d, e\}$ は，同じ情報集合に点 d と点 e が入っていることを表す．プレイヤー 1 の情報集合を順に I_1^1，I_2^1，I_3^1 と表している．ただし，$I_1^1 = \{a\}$，$I_2^1 = \{d, e\}$，$I_3^1 = \{f, g\}$ である．また，プレイヤー 2 の手番は b と c であり，プレイヤー 2 の情報集合は $I_1^2 = \{b\}$ と $I_2^2 = \{c\}$ である．

図 3.2

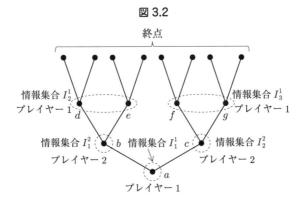

展開形ゲーム：ゲームの木によって表現されたゲームを**展開形ゲーム**という．プレイヤーのすべての情報集合がただ 1 つの手番からなるゲームを**完全情報ゲーム**といい，そうでないゲームを**不完全情報ゲーム**という．

図 3.3 の展開形ゲームは完全情報ゲームとなり，図 3.2 のゲームは情報集合 I_2^1, I_3^1 が 2 つの手番を含むので不完全情報ゲームとなる．

図 3.3

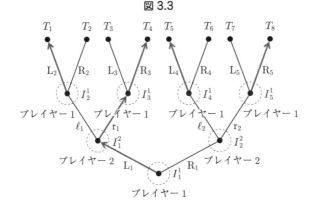

展開形ゲームにおける**戦略**とは，すべての情報集合に対して，選択する行動を指定した計画のことである．また，各情報集合において，確率的に行動を選択する戦略のことを**行動戦略**という．

展開形ゲームの戦略について，図 3.3 のゲームを用いて詳しく見ていこう．プレイヤー 1 の戦略は $I_1^1, I_2^1, I_3^1, I_4^1, I_5^1$ という 5 つすべての情報集合での行動を指定しなければならない．たとえば，「I_1^1 で L_1 を選択し，I_2^1 で L_2 を選択，I_3^1 で R_3 を選択，I_4^1 で L_4 を選択，I_5^1 で R_5 を選択する」とすると，プレイヤー 1 に戦略が 1 つ与えられたことになる．プレイヤー 2 については，「I_1^2 で r_1 を選択し，I_2^2 で r_2 を選択する」というのが戦略の 1 つとなる．上のようにプレイヤー 1 と 2 の戦略が与えられた場合，プレイ (L_1, r_1, R_3) が定まり，終点 T_4 に到達し，2 人の利得が決定されることになる．

展開形と戦略形：展開形ゲームにおいて，すべてのプレイヤーの戦略の組を 1 つ定めれば，プレイが 1 つ定まり，ゲームの終点が確定して，各プレイヤーの利得が定まる．すなわち，各戦略の組に対して，各プレイヤーが得られる利得を定める利得関数が定義できる．このようにして，展開形ゲームから戦略形ゲームを導くことができる．展開形ゲームのナッシュ均衡点とは，この戦略形ゲームのナッシュ均衡点のことである．展開形ゲームのナッシュ均衡点によって定まるプレイを**均衡プレイ**という．

後向き帰納法：逐次手番ゲームにおけるプレイヤーの合理的な行動は，ゲームの終点に最も近い手番から順番にプレイヤーの最適行動を求めていくことにより導出できる．この方法を**後向き帰納法**という．

部分ゲーム完全均衡点：あるゲームの**部分ゲーム**とは，元のゲームの木の一部分であり，それ自身も展開形ゲームとして表されるものをいう．すなわち，

(1) ただ 1 つの手番（点）からなる情報集合から始まり，

(2) それ以降の木をすべて含み（それ以外は含まない），

(3) 元のゲームの情報構造を変えない（情報集合を変えない），

ような性質を持つゲームのことである．展開形ゲームの行動戦略の組が**部分ゲーム完全均衡点**であるとは，その行動戦略の組がすべての部分ゲームにおいてナッシュ均衡点となることを意味する．有限な長さを持つ完全情報ゲームでは，後向き帰納法で定まる戦略の組は部分ゲーム完全均衡点である．

2 理解度チェック

チェック 3.1 [展開形ゲームによる表現]

AさんとB君は赤と黒のカードをそれぞれ1枚ずつ持っていて,手持ちのカードを1枚だけ出し合う。以下の(1), (2), (3)のカードの出し方と整合的なゲームの木を,(a), (b), (c)の中から選びなさい。

(1) Aがカードを出して,それを見た後,Bがカードを出す場合。
(2) Aがカードを出して,それを見ずに,Bがカードを出す場合。
(3) AとBが同時にカードを出す場合。

図 3.4

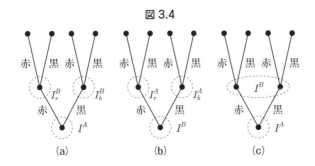

図 3.4において,I^i はプレイヤー i ($i=A, B$) の情報集合,I_r^i はプレイヤー j ($j=A, B, j \neq i$) が赤のカードを出した後のプレイヤー i の情報集合,I_b^i はプレイヤー j が黒のカードを出した後のプレイヤー i の情報集合を表している。

■解答: (1) (a), (2) (c), (3) (c)

チェック 3.2 [展開形ゲームの性質]

以下の文章の正誤を答えなさい。

(1) チェスは,相手の打ってくる手がわからないので,完全情報ゲームではない。
(2) プレイヤーが同時に行動を選択する状況は,展開形ゲームとして表現できない。
(3) 部分ゲーム完全均衡点はナッシュ均衡点でもあるが,逆は必ずしも成り立たない。

■解答: (1) 誤 [チェスのプレイヤーは自分の手を決定するとき，これまでの自分の出した手と相手の出した手がすべてわかっている。したがって，完全情報ゲームである]

(2) 誤 [たとえば，プレイヤーが同時に黙秘，または，自白を選択する囚人のジレンマは図 3.5 の展開形ゲームで表すことができる]

図 3.5

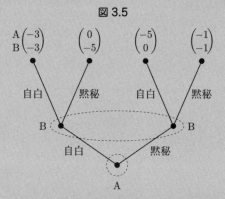

(3) 正 [ゲームのナッシュ均衡点は展開形ゲームの初期点から始まる「ゲーム全体」のナッシュ均衡点である。展開形ゲームの部分ゲームにはゲーム全体も含まれるので，部分ゲーム完全均衡点はナッシュ均衡点である。一方，ナッシュ均衡点であっても，ある部分ゲームにおいて行動戦略がナッシュ均衡点になっていないことはありうる]

チェック 3.3 [後向き帰納法]

図 3.6 のゲームの木で表される完全情報ゲームを後向き帰納法を用いて解く。終点の上に書かれている数字の上段の数字がプレイヤー 1 の利得を表し，下段の数字がプレイヤー 2 の利得を表す。以下を読み，空欄にあてはまる適切な語句を求めなさい。

プレイヤー 1 が T を選択した後，プレイヤー 2 の最適な選択は [1] である。プレイヤー 1 が B を選択した後，プレイヤー 2 の最適な選択は [2] である。プレイヤー 2 が最適な選択をすることを前提とすると，プレイヤー 1 の最適な選択は [3] である。

図 3.6

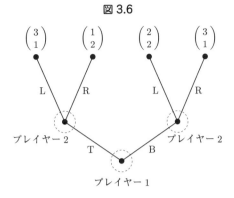

■解答： ①R, ②L, ③B

チェック 3.4 [部分ゲーム]

図 3.7 のゲームの木において，部分ゲームは全部でいくつあるか。

図 3.7

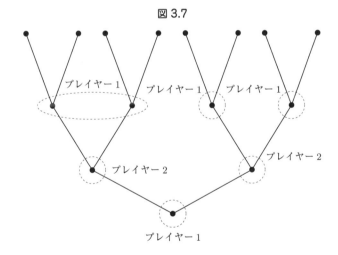

■解答： 5つ。[部分ゲームは図 3.8 の①, ②, ③, ④, ⑤である。ゲーム全体も部分ゲームの1つであることに注意]

図 3.8

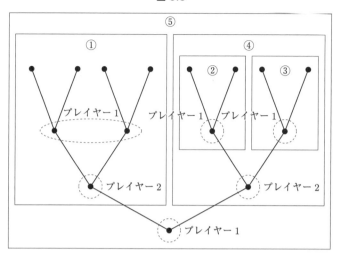

チェック 3.5 ［展開形ゲームにおける戦略］

以下を読み，空欄にあてはまる適切な数値を答えなさい。

　　2人でじゃんけんを2回行うゲームを考える。1回目のじゃんけんでの各プレイヤーの手の出し方は3通りあり，じゃんけんの結果（出した手の組合せ）は $\boxed{1}$ 通りある。2回目のじゃんけんでの出し方は，1回目の結果に依存して決めることができるので，合計 $\boxed{2}$ 通りある。したがって，このゲームにおける各プレイヤーの純戦略は全部で $\boxed{3}$ 通りある。このうち，2回目の出し方が1回目の結果に依存しないものは $\boxed{4}$ 通り，1回目に相手の出した手のみに依存するものは $\boxed{5}$ 通りある。

■解答：$\boxed{1}$ $3 \times 3 = \mathbf{9}$，$\boxed{2}$ 1回目の結果（9通り）それぞれに対してグー・チョキ・パー（3通り）を決めるので，$3^9 = \mathbf{19{,}683}$．$\boxed{3}$ 1回目の出し方（3通り）と2回目の出し方（3^9 通り）との組合せなので $3 \times 3^9 = 3^{10} = \mathbf{59{,}049}$．$\boxed{4}$ 2回目の出し方は3通りある。1回目の出し方（3通り）と2回目の出し方（3通り）の組合せを考えて，$3 \times 3 = \mathbf{9}$．$\boxed{5}$ 2回目の出し方は，1回目の相手の出した手（3通り）それぞれに対してグー・チョキ・パー（3通り）を決めるので，$3^3 = 27$ 通りある。1回目の出し方（3通り）と2回目の出し方（27通り）の組合せを考えて，$3 \times 27 = \mathbf{81}$

チェック 3.6 [数えあげゲームと後向き帰納法]

以下を読み，空欄にあてはまる適切な数値，語句を答えなさい。

　　1から10までを数えるゲームを考える。ゲームのプレイヤーは2人で，先手と後手が割り当てられる。各プレイヤーは連続した数字を最大3つ言うことができ，先手プレイヤーは1から数え始め，後手プレイヤーは，先手プレイヤーが言った数字の次の数字から数え始める。先手，後手が交互に数字を数えていって，10まで数えるとゲームが終了する。

　「10を言ったプレイヤーが勝ち」というゲームの必勝戦略を後向き帰納法を用いて考える。自分が数字10を言う勝利プレイヤーになるには，その前に数字を言う相手プレイヤーに ☐1 から ☐2 の数字を言わせればよい。そうするとその前の自分の手番で ☐3 を言えば，次の手番で相手が最大3個の数字を言っても ☐2 であり，最小の1個の数字を言っても ☐1 であり，相手が何個数字を言ったとしても，次の手番で10を言うことができる。つまり，このゲームは ☐3 を言えば必ず勝てることになる。さらに，自分が ☐3 を言うためには，相手に ☐4 から ☐5 の数字を言わせなければならない。そのためには，前の手番で ☐6 を言えばよい。

　以上より，このゲームの必勝プレイヤーは，先手，後手のうち ☐7 のプレイヤーである。具体的には，まず ☐7 になることを宣言して，自分の手番になったときに最初の手番で ☐6 ，次に ☐3 まで数えて止めれば，必ずこのゲームに勝つことができる。

■解答：　☐1 7，　☐2 9，　☐3 6，　☐4 3，　☐5 5，　☐6 2，　☐7 先手

3 演習問題

演習 3.1 [小国と大国の争い*]

戦国時代で，国同士が天下統一を目指して争っている．国力の強大な大国と，それに比べて国力の弱い小国が存在していて，大国のみが小国と戦うかどうかの選択ができ，小国は戦いを仕掛けることはできないとする．大国は小国と戦うと必ず勝つことができて，100 の利得を得る．一方，敗れた小国は消滅し，−100 の利得となる．お互いが戦わなければ，どちらも現状維持で利得は 0 となる．

(1) 大国が 1 国，小国が 1 国あるとする．大国の選択肢を「戦う」「戦わない」として，大国の意思決定の木を書きなさい．終点には実現する結果に対応する (大国の利得，小国の利得) を書くこと．さらに，大国はどちらの選択肢を選ぶかを考えなさい．

(2) 次に大国が 2 国あり，小国が 1 国あるとする．大国同士は力の差がほとんどなく，直接戦うと大きな損失が互いに発生するため，国力が同程度のときは，大国が大国に戦争を仕掛けることはないとする．一方，大国は小国と「戦う」か「戦わない」かの選択肢を持つ．ここで大国が小国と戦った場合，小国は消滅し，その戦いに大国は勝利するが，国力は低下する．この状況では，もう 1 つの大国が戦いを仕掛けると小国と戦った大国は敗北し，消滅してしまうとする．

  (i) 大国 1 と大国 2 の間の展開形ゲームのゲームの木を書きなさい．ただし，展開形ゲームでは，最初に小国と「戦う」か「戦わない」を選択するのを大国 1 とし，大国 1 が小国と「戦う」ことを選択した後に，大国 2 が大国 1 と「戦う」か「戦わない」を選択する．さらに，展開形ゲームの終点には (大国 1 の利得，大国 2 の利得，小国の利得) を書き入れなさい．

  (ii) このゲームの部分ゲーム完全均衡点を後向き帰納法を用いて求めなさい．

■ヒント： (1) 意思決定の木とは，1つの点から始まり，点から出る枝でプレイヤーの選択肢を表し，意思決定ごとに樹木状に展開していき，選択の結果として実現する状態を終点として表すものである。すべての点は1人のプレイヤーに割り当てられる。ここでは，「戦う」か「戦わない」の選択が行えるプレイヤーは大国のみであるので，大国の意思決定点から「戦う」と「戦わない」の2つの枝が出る木を書き，終点に実現する結果を書けばよい。

(2) 大国1の意思決定点から始まる展開形ゲームを書き，そのゲームを後向き帰納法によって解けばよい。

■解答： (1) 大国の意思決定の木は**図3.9**のようになる。大国は「戦う」を選び，小国は消滅してしまう。

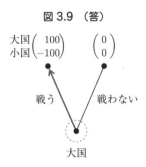

図 3.9 （答）

(2) (i) 大国1と大国2の展開形ゲームは**図3.10**のようになる。
(ii) まず，大国2の意思決定点から始まる部分ゲームに注目する。ここで

図 3.10 (答)

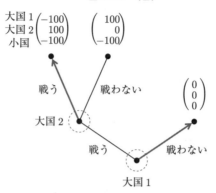

は，大国 2 は，大国 1 が「戦う」を選択したときには，「戦う」を選択すると 100 の利得，「戦わない」を選択すると 0 の利得であるため，「戦う」を選択する．

次に，大国 1 の意思決定点から始まる部分ゲームに注目する．大国 1 は「戦う」を選択すると，その後大国 2 が「戦う」を選択するため，−100 の利得となる．一方，「戦わない」を選択すると利得は 0 となる．したがって，「戦わない」を選択することが最適行動となる．

以上より，この展開形ゲームの部分ゲーム完全均衡点は，(大国 1 の戦略，大国 2 の戦略)＝(戦わない，戦う) で与えられる．この部分ゲーム完全均衡点のもとで実現する結果は，戦いがまったく起こらず，大国 1，大国 2，小国の 3 カ国とも生き残る状況となる．

■コメント： このゲームは，小国にとって敵が多いことが必ずしも危険な状態とはならないことを示している．このゲームでは大国が 1 つの状況では小国は滅ぶが，大国が 2 つある状況では戦いは起きず，小国は生き残ることになる．

中国の後漢末期から魏，呉，蜀という 3 つの国が覇を競った三国時代を描いた『三国志演義』では，当時弱小勢力であった劉備（後に蜀の皇帝）の軍師・諸葛孔明は，後漢の丞相曹操（魏の基礎をつくった）と呉の孫権（後に呉の皇帝）という 2 大勢力がいる状況をよしとする「天下三分の計」を唱えたとされている．

その計の実現のため，孔明は有名な「赤壁の戦い」において，孫権と劉備の連合軍が曹操軍に大勝したにもかかわらず，曹操をあえて逃がすことになる．

演習 3.2 [ライバル雑誌の特集記事*]

代表的女性誌 V と E が発行部数をめぐって競争している。各誌の編集部は今月号の特集記事のテーマを選ばなければならない。候補は「ジュエリー」と「コスメ」の 2 つである。両誌が異なるテーマを選択すると，読者を等しく分け合うことになるが，同じテーマを選択すると，ブームになり全体として発行部数が増加するが，各誌の獲得する読者には差が生まれる。2 誌のテーマ選択と発行部数との関係は次の表で与えられている。

		E	
		ジュエリー（J）	コスメ（C）
V	ジュエリー（J）	10 万部，8 万部	7 万部，7 万部
	コスメ（C）	7 万部，7 万部	8 万部，10 万部

ここで，V より E のほうが発売日が遅く，E は V の特集テーマを見てから自誌のテーマを選択できるものとする。

(1) この状況をゲームの木を用いて展開形ゲームとして表しなさい。
(2) (1)をふまえて，この状況を戦略形ゲームとして表し，純戦略ナッシュ均衡点を求めなさい。
(3) 後向き帰納法を用いて，各誌の最適戦略を求めなさい。

■**ヒント：** (1) ゲームの木は点と枝とで構成される．点は V および E の手番を表し，枝はプレイヤーの行動，すなわち「ジュエリー」および「コスメ」を表す．E は V の選択を知ったうえで行動を選択することは情報集合を用いて表される．
(2) 展開形ゲームにおける戦略とは，各情報集合において選ぶ行動を指定したものである．E の情報集合は 2 つあることに注意すること．
(3) まず E の各情報集合における最適な行動を求める．次に，E の行動を前提として V の最適な行動を求める．

■**解答：** (1) このゲームの木は図 3.11 のようになる．

図 3.11 （答）

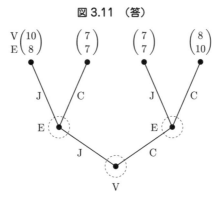

(2) V の戦略は「ジュエリー (J)」と「コスメ (C)」である．E の戦略は，V の選択に応じて自誌の選択を決める計画である．V が「ジュエリー (J)」のときの E の選択を x，「コスメ (C)」のときの選択を y として，E の戦略を x と y の組 (x, y) で表現することにしよう．たとえば，(C, J) は，V が「ジュエリー」のとき E は「コスメ」を，V がコスメのとき E は「ジュエリー」を選択するという戦略を表している．この表記法を用いると，このゲームの戦略形は次の利得行列で表される（単位：万部）．

		E			
		(J, J)	(J, C)	(C, J)	(C, C)
V	J	10, 8	10, 8	7, 7	7, 7
	C	7, 7	8, 10	7, 7	8, 10

純戦略ナッシュ均衡点は次の 3 つである．

	均衡点1	均衡点2	均衡点3
V	J	J	C
E	(J, J)	(J, C)	(C, C)

(答)

ここで，均衡点1と2では，均衡プレイにおいて両誌ともに「ジュエリー」を選択し，均衡点3では両誌ともに「コスメ」を選択する結果となる。

(3) まずEの選択から考える。Vの選択が「ジュエリー」であるとき，Eが「ジュエリー」を選ぶと8万部，「コスメ」を選ぶと7万部なので，「ジュエリー」を選ぶことが最適である。一方，Vが「コスメ」のとき，Eは「コスメ」を選ぶのが最適である。これをふまえてVの選択を考える。Vが「ジュエリー」を選ぶと，Eも「ジュエリー」を選ぶので，Vの発行部数は10万部である。一方，Vが「コスメ」を選んだ場合，Eも「コスメ」を選ぶので，Vの発行部数は8万部である。つまり，Vは「ジュエリー」を選んだほうがよい。以上より，Vの最適戦略はJ，Eの最適戦略は(J, C)である。

Vの最適戦略：J
Eの最適戦略：(J, C)
(答)

■コメント： 均衡点1では，Vが「コスメ」を選んだ後のEの選択（「ジュエリー」）が最適ではない。均衡点3では，Vが「ジュエリー」を選んだ後のEの選択（「コスメ」）が最適ではない。いずれも，均衡プレイでは到達されない情報集合での行動は最適ではない。一方，後向き帰納法で導かれる戦略の組である均衡点2では，均衡プレイから外れた経路上においても，プレイヤーの行動は最適となっている。

演習

演習 3.3 [交互競り上げオークション*]

2人の買い手AとBによるオークションを考える。買い手の商品に対する評価額は，Aが3500円，Bが2500円である。オークションは2人の買い手が交互に価格を競り上げる方式で，次の手順で行われる。

ステップ0：価格は1000円からスタート。

ステップ1：先手は価格を2000円に上げるか，オークションから降りるかを決める。価格を上げた場合，ステップ2へ進む。オークションから降りた場合，後手が価格1000円で商品を落札する。

ステップ2：後手は価格を3000円に上げるか，オークションから降りるかを決める。価格を上げた場合，後手が価格3000円で商品を落札する。オークションから降りた場合，先手が価格2000円で商品を落札する。

買い手の利得は，商品を落札した場合は評価額と落札価格との差額とし，落札できなかった場合は0とする。

(1) 先手がAであるとき，後向き帰納法を用いて，このオークションの落札者および落札価格を求めなさい。

(2) 先手がBであるとき，後向き帰納法を用いて，このオークションの落札者および落札価格を求めなさい。

■ヒント： 後向き帰納法に従って，ステップ2 → ステップ1の順に考える。ステップ2において，後手に認められている選択は「3000円に上げる」か「降りる」かのいずれかである。後手は価格を3000円に上げるかどうかを考えなさい。それをふまえて，ステップ1において，先手は2000円に上げるかどうかを考えなさい。

■解答： (1) ステップ2において，後手 (B) が価格を上げれば，Bがこの商品を価格3000円で落札し，利得は 2500 − 3000 = −500円である。一方，オークションから降りれば利得は0円である。Bの最適な選択は，オークションから降りることである。

ステップ1において，先手 (A) が価格を上げた場合，ステップ2でBがオークションから降りるので，Aが価格2000円で落札することになる。このときAの利得は 3500 − 2000 = 1500円である。一方，オークションから降

りれば利得は0円である。Aの最適な選択は価格を2000円に上げることである。

落札者：A，落札価格：2000円　（答）

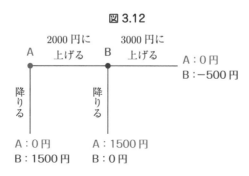

図 3.12

(2) ステップ2において，後手（A）が価格を上げれば，Aが価格3000円で落札することになり，利得は 3500 − 3000 = 500 円である。一方，オークションから降りれば利得は0円である。Aにとって最適な選択は価格を3000円に上げることである。

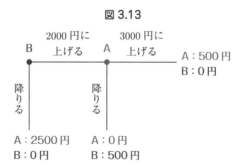

図 3.13

ステップ1において，先手（B）が価格を上げた場合，ステップ2でAは価格を上げて，Aが価格3000円で落札することになるので，Bの利得は0円である。一方，オークションから降りれば利得は0円である。つまり，Bにとって価格を上げることとオークションから降りることは無差別である。Bが価格を上げた場合，落札者はAで落札価格は3000円となる。Bが降りた場合，落札者はAで落札価格は1000円となる。

落札者：A，落札価格：1000円または3000円　（答）

■コメント： 本問の逐次手番ゲームを戦略形で表現すると次のようになる．

		B 上げる	B 降りる
A	上げる	0, −500	1500, 0
A	降りる	0, 1500	0, 1500

(1) A が先手の場合

		B 上げる	B 降りる
A	上げる	500, 0	2500, 0
A	降りる	0, 500	2500, 0

(2) B が先手の場合

　A が先手の場合，A は「上げる」，B は「降りる」が弱支配戦略である．B が先手の場合，A は「上げる」，B も「上げる」が弱支配戦略である．すなわち，いずれの場合においても，どちらの買い手も，
- 価格を競り上げても評価額を超えないときは，価格を競り上げ，
- 価格を競り上げると評価額を超えるときは，オークションから降りる，

ことが弱支配戦略となっている．(2)で見たように，後向き帰納法で導かれる戦略には弱支配されるもの（B が「降りる」）が含まれることがある．また，競り上げる順番（ゲームのルール）によって，落札者は変わらないが落札価格は変わりうる．

Column ❸ オークションの種類

　オークションとは，販売のために出品されたものに対して購入希望者が購入価格を入札，または，表明することを通じて，その落札者と落札価格を決定する仕組みのことである。オークションは，価格がオークションの参加者に観察できる「公開価格オークション」と，他のオークションの参加者には入札価格が観察できない「封印入札オークション」に分類できる。

　現実に用いられている公開価格オークションとして「イギリス式オークション」と「オランダ式オークション」が挙げられる。また，封印入札オークションとしては，「第1価格オークション」と「第2価格オークション」が挙げられる。

(1) 公開価格オークション
　　　イギリス式オークション
　　　　例：絵画，骨董品，魚，野菜
　　　オランダ式オークション
　　　　例：花き，球根

(2) 封印入札オークション
　　　第1価格オークション
　　　　例：古書，公共入札
　　　第2価格オークション
　　　　例：切手

- **イギリス式オークション**は，公開で価格を競り上げていき，購入希望者が1人となったところで落札者を決定し，その時点の価格を落札価格とするオークションである。
- **オランダ式オークション**は，価格を競り下げていき，最初に購入希望者が出てきたところで落札者を決定し，その時点の価格を落札価格とするものである。
- **第1価格オークション**は，オークションの参加者が価格を他の参加者に見えないかたちで入札し，その入札価格の一番高い人が落札者となり，その落札者の入札価格（第1価格）が落札価格となるものである。
- **第2価格オークション**は，入札価格の一番高い人が落札者となるのは第1価格オークションと同じであるが，落札価格が落札者の次に高い入札価格（第2価格）となるオークションである。

演習

演習 3.4 [少数決ゲーム*]

福永，江藤，秋山の3人が「Yes」か「No」かのいずれかに投票し，投票数が少ないほうに投票した者を勝者とする「少数決」ゲームを行うこととなった。勝者には賞金1億円が与えられるが，敗者は1億円を失う。3人の票が同じ（全員「Yes」または全員「No」）ときは引き分けで，プレイヤーの獲得賞金は0円とする。

(1) 3人が同時に投票する場合の純戦略ナッシュ均衡点を求めなさい。

(2) まずはじめに，秋山がどちらに投票するかを宣言して，その宣言どおりに投票する。残りの2人はそれを見てから同時に投票する。残された2人が，投票を決定するときに弱支配された戦略はとらないとしたうえで，後向き帰納法を用いてこのゲームの結果を説明しなさい。

■ヒント： (1) まず，3人ゲームの利得行列を書く。
(2) 秋山が「Yes」に投票したとして，残された福永と江藤による2人ゲームの利得行列を書く。このゲームにおいて，2人はどちらに投票すると考えられるだろうか。

■解答： (1) このゲームの利得行列は次のとおり。ここで，表内の数値は，左から順に，福永，江藤，秋山の獲得賞金額を表す（単位：億円）。

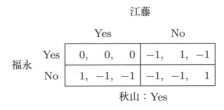

純戦略ナッシュ均衡点は，全員が Yes もしくは No である場合を除くすべて

の戦略の組である。

(2) 秋山が「Yes」に投票した後の福永と江藤の利得行列は，次のようになる。

江藤
	Yes	No
Yes	0, 0	−1, 1
No	1, −1	−1, −1

福永

この場合，福永・江藤ともに「No」が弱支配戦略となる。

次に，秋山が「No」に投票した後の福永と江藤の利得行列は，次のようになる。

江藤
	Yes	No
Yes	−1, −1	1, −1
No	−1, 1	0, 0

福永

この場合，福永・江藤ともに「Yes」が弱支配戦略となる。

以上より，秋山は「Yes」，「No」のどちらに投票しても，2人が弱支配戦略を採用する限り，勝利することができる。

■コメント： ただし，このゲームは，秋山が投票した後の部分ゲームにおいて，上で見た弱支配戦略の組以外にもナッシュ均衡点が存在する。したがって，部分ゲーム完全均衡点はここで見たもの以外にも存在している。

演習 3.5 [公共財供給ゲーム]

(1) 2人で共同プロジェクトを行うとする。それぞれのプレイヤーは20（万円，以下単位省略）の資金を持ち，共同プロジェクトに資金の一部を投資する。プレイヤー1の投資額を g_1，プレイヤー2の投資額を g_2 と表す。各プレイヤーは，投資せずに手元に残した資金に加えて，共同プロジェクトへの2人の投資額合計に 0.6 をかけた値の便益を得るとする。

投資額が g_1, g_2 のとき，プレイヤー i の利得 U_i は，

$$U_i = 20 - g_i + 0.6(g_1 + g_2)$$

で与えられる。このゲームのナッシュ均衡点を求めなさい。

(2) 次に，(1)と同じ共同プロジェクトのゲームを行った後に，2人の投資額が公開され，各プレイヤーは最大 10 の資金を使って他のプレイヤーの利得を下げる処罰機会が存在する。具体的には，資金1につき相手プレイヤーの利得を3だけ下げることができる。プレイヤー i がプレイヤー j の利得を下げるために使う金額を p_i とする。

このとき，処罰機会付き共同プロジェクトゲームのプレイヤー i の利得 V_i は，

$$V_i = 20 - g_i + 0.6(g_1 + g_2) - p_i - 3p_j$$

で与えられる。このゲームの部分ゲーム完全均衡点（後向き帰納法による解）を求めなさい。

■ヒント： (1) 相手プレイヤーの投資額を所与として，自分が $g_i > 0$ を投資したときの利得と，$g_i = 0$ のときの利得を比較する。
(2) まず，すでに投資額 g_1, g_2 が選択された状態から始まる部分ゲームにおいて，他のプレイヤーによる処罰 p_j を所与として，処罰 p_i を決定する問題を考える。次に，後に続く部分ゲームでの行動を考慮して，投資額 g_i を決定するゲームのナッシュ均衡点を求める。

■解答： (1) プレイヤー1について考える。相手の投資額 g_2 はある値で与えられているとする。このとき正の投資額 $g_1 > 0$ でのプレイヤー1の利得は，

$$U_1(g_1) = 20 - g_1 + 0.6(g_1 + g_2)$$
$$= 20 + 0.6g_2 - 0.4g_1$$

で与えられる．一方，$g_1 = 0$ のときの利得は，

$$U_1(0) = 20 + 0.6g_2$$

となる．次のように，両者の利得の差をとると，

$$U_1(0) - U_1(g_1) = 0.4g_1$$

となる．$g_1 > 0$ であるので，$U_1(0) > U_1(g_1)$ が成り立つ．つまり，プレイヤー2の投資額 g_2 に対するプレイヤー1の最適応答は常に0の投資額を選択することになる．プレイヤー2についてもまったく同様の議論ができるので，プレイヤー1のどんな投資額 g_1 に対してもプレイヤー2の最適応答は $g_2 = 0$ となる．ナッシュ均衡点は互いに最適応答となっている戦略の組であるので，$(g_1, g_2) = (0, 0)$ がナッシュ均衡点となる．

$$g_1 = g_2 = 0 \quad \text{（答）}$$

(2) 後向き帰納法を用いて解くために，まず，投資額 g_1, g_2 が与えられたもとで，処罰額 p_1, p_2 を選択する部分ゲームを考える．プレイヤー1にとって，プレイヤー2の処罰額が p_2 のとき，正の処罰額 $p_1 > 0$ を選択したときの利得は，

$$V_1(p_1) = 20 - g_1 + 0.6(g_1 + g_2) - p_1 - 3p_2$$

である．一方，$p_1 = 0$ を選択したときの利得は，

$$V_1(0) = 20 - g_1 + 0.6(g_1 + g_2) - 3p_2$$

となる．利得を比較すると，

$$V_1(0) - V_1(p_1) = p_1 > 0$$

となり，どんな g_1, g_2, p_2 に対しても，$p_1 = 0$ を選択することがプレイヤー1にとって最適行動となる．プレイヤー2についてもの同様の議論ができて，$p_2 = 0$ を選択することが最適行動となる．

どちらのプレイヤーも 0 の処罰額を選択するので，プレイヤー 1 とプレイヤー 2 が投資額 g_1, g_2 を選択するゲームでのプレイヤー 1 と 2 の利得は，

$$V_1 = 20 - g_1 + 0.6(g_1 + g_2), \qquad V_2 = 20 - g_2 + 0.6(g_1 + g_2)$$

となる．結局，2 人は(1)と同じ状況に直面することになるので，プレイヤー 1 は $g_1 = 0$，プレイヤー 2 は $g_2 = 0$ を選択する．

> プレイヤー 1：$g_1 = 0$ を選び，g_1, g_2 の値によらず $p_1 = 0$ を選ぶ (答)
> プレイヤー 2：$g_2 = 0$ を選び，g_1, g_2 の値によらず $p_2 = 0$ を選ぶ

■**コメント**： このゲームでは，共同プロジェクトへの投資額はすべてのプレイヤーの便益となっている．つまり，共同プロジェクトへの投資は，すべてのプレイヤーに便益を与える公共財への貢献と考えることができる．消防，警察，環境保全活動のような財・サービスにどれだけ自発的に貢献するかという問題は，ここで考察したゲームと同じ構造を持つ．そのため，この共同プロジェクトへの投資ゲームは「公共財供給ゲーム」と呼ばれる．

　プレイヤーの利得の合計額を最大にする社会的に望ましい投資額は 20 であるが（すべての資金を投資する），(1)で見たように各プレイヤーは他のプレイヤーの投資からの便益にただ乗りしようとして 0 の投資額を選択する．その結果，公共財がまったく供給されない状態になってしまう．

　(1)は「公共財の過少供給問題」が発生する仕組みを簡単なモデルで示したものである．(2)は，実験室での「公共財の過小供給問題」の考察において，合理的なプレイヤーならば行わないような処罰機会を設けることが被験者の公共財への貢献を増加させるかどうかを検証するために考えられたゲームである．実際の公共財供給ゲームの実験の詳細については，本章末の「実験してみよう③」(101 頁)を参照のこと．

演習 3.6 [前向き帰納法]

次のような2段階ゲームを考える。まずプレイヤー1が「参加する (IN)」か「参加しない (OUT)」かを決める。IN が選ばれた場合, 以下の利得行列で表される同時手番ゲーム (男女の争い) G がプレイされる。OUT が選ばれた場合はそこでゲームは終了し, プレイヤー1の利得は2, プレイヤー2の利得は0である。

		プレイヤー2	
		L	R
プレイヤー1	U	3, 1	0, 0
	D	0, 0	1, 3

(1) この2段階ゲームの部分ゲーム完全均衡点を求めなさい。

(2) この2段階ゲームを戦略形ゲームとして表現し, 弱支配される戦略を逐次削除して残る戦略を求めなさい。

■ヒント: (1) IN が選ばれた後のゲーム G のナッシュ均衡点を求め, その均衡利得と OUT が選ばれたときの利得を比較する。
(2) プレイヤー1の戦略は, (IN, U), (IN, D), (OUT, U), (OUT, D) の4つである。

■解答: (1) IN が選ばれた後の同時手番ゲームの純戦略ナッシュ均衡点は (U, L) と (D, R) である。

IN が選ばれた後に (U, L) がプレイされたとしたときの縮約された展開形ゲームは図 3.14 で表される。

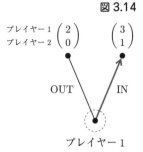

図 3.14

IN のあと (U, L) がプレイされる場合

このとき，プレイヤー 1 は IN を選択することが最適となる．つまり，((IN, U), L) はこのゲームの部分ゲーム完全均衡点となる．

一方，IN が選ばれた後に (D, R) がプレイされたときの縮約された展開形ゲームは図 3.15 で表される．

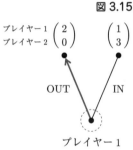

図 3.15

IN のあと (D, R) がプレイされる場合

この場合，プレイヤー 1 は OUT を選択することが最適となるので，((OUT, D), R) も部分ゲーム完全均衡点となる．

$$((IN, U), L), \quad ((OUT, D), R) \quad （答）$$

(2) 2段階ゲームを戦略形ゲームとして利得行列で表すと次のとおり．

	プレイヤー2	
	L	R
(IN, U)	3, 1	0, 0
(IN, D)	0, 0	1, 3
(OUT, U)	2, 0	2, 0
(OUT, D)	2, 0	2, 0

（プレイヤー1）

このゲームにおいて，(IN, D) は (OUT, U) または (OUT, D) に支配されるので削除する．次に，R は L に弱支配されるので削除する．最後に，(OUT, U) と (OUT, D) は (IN, U) に支配されるので削除する．残った戦略は (IN, U) と L だけである．

(IN, U) と L　（答）

■コメント： (1)では，プレイヤー1が OUT を選択するような均衡点において，プレイヤー2は，

「プレイヤー1が IN を選択した後は D をプレイする」

という予想をし，それに対する最適応答として R を選択していると考えられる．
　しかし(2)での逐次削除の結果，プレイヤー1が OUT を選択するような均衡点は排除される．このことは，次のように解釈できる．プレイヤー1は OUT を選ぶことで確実に 2 の利得を得ることができるが，IN を選んだのであれば，ゲーム G のナッシュ均衡点である (U, L) がプレイされて利得 3 を得ることをねらって，U を選んでくるはずであると考えられる．そうであるなら，

「プレイヤー1が IN を選択した後は U をプレイしてくる」

と予想すべきである．この予想のもとで実現する結果が ((IN, U), L) である．このような考え方を**前向き帰納法**といい，ナッシュ均衡点の精緻化の研究において提案された概念である．関連問題として，練習問題 3.8 を参照せよ．

4 練習問題

問題 3.1 [後向き帰納法*]

次のような逐次手番 2 人ゲームを考える。まずプレイヤー 1 が T か B かを選択する。次に、プレイヤー 1 の選択を知ったうえで，プレイヤー 2 が L か R かを選択する。最後に，プレイヤー 2 の選択を知ったうえで，プレイヤー 1 が U か D かを選択する。各プレイヤーの利得は以下のゲームの木で示されている（上段がプレイヤー 1，下段がプレイヤー 2 の利得を表す）。このゲームを後向き帰納法で解きなさい。

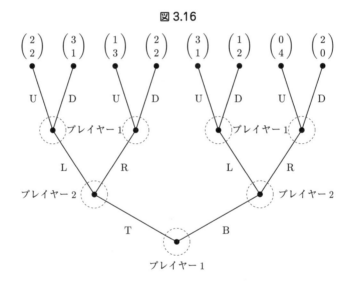

図 3.16

問題 3.2 [部分ゲーム完全均衡点*]

次のような 2 段階ゲームを考える。まずプレイヤー 1 が「参加する」か「参加しない」かを選択する。「参加しない」が選ばれた場合，そこでゲームは終了し，両プレイヤーの利得はともに 0 である。「参加する」が選ばれた場合，プレイヤー 1 と 2 は次の利得行列で表される同時手番ゲームをプレイし，ゲームが終了する。

プレイヤー 2

	L	R
U	2, 1	−2, 0
D	0, −1	x, 0

プレイヤー 1 は行、プレイヤー 2 は列。

(1) $x = 1$ のとき，2 段階ゲームの部分ゲーム完全均衡点を求めなさい．
(2) $x = -1$ のとき，2 段階ゲームの部分ゲーム完全均衡点を求めなさい．

問題 3.3 [共有地の悲劇*]

2 人の漁師が近海の漁業資源を今期と来期の 2 期間で収穫することを考える．今期の資源の総量は 100 単位であり，今期に収穫されなかった資源は，繁殖により来期には 2 倍の量になることがわかっている．2 人の漁師は各期において「収穫する」か「収穫しない」かを（同時に）選択する．各期の資源は，「収穫する」を選んだ漁師で等しく収穫されるものとする（1 人だけの場合は独占する）．漁師の利得は今期と来期の収穫量の合計であるとして，このゲームの部分ゲーム完全均衡点を求めなさい．[ヒント：今期に 1 人でも「収穫する」を選ぶと，来期の資源量は 0 となる]

問題 3.4 [防衛ゲーム*]

隣接する 2 国（A 国と B 国）の軍事戦略を考える．各国の軍事戦略とは，(i) 自国の防衛力を強化するか否か（防衛戦略），および，(ii) 他国を攻撃するか否か（攻撃戦略），を決定することである．防衛力が強化されていないときに攻撃された場合の損失額は 3 である．防衛力の強化には費用 1 がかかるが，他国から攻撃された場合の自国の損失額は 1 に抑えることができる．他国を攻撃した場合，他国の防衛力が強化されていなければ 3 の利益を得るが，強化されていれば攻撃は失敗し 1 の損失を被る．各国は，まず防衛力を強化するか否かを同時に決定し，その後，それを見たうえで攻撃するか否かを同時に決めるものとする．

(1) 2 国とも防衛力を強化した後の部分ゲームにおける各国の攻撃戦略のナッシュ均衡点を求めなさい．
(2) 2 国とも防衛力を強化しなかった後の部分ゲームにおける各国の攻撃戦略のナッシュ均衡点を求めなさい．

(3) 1国だけが防衛力を強化した後の部分ゲームにおける各国の攻撃戦略のナッシュ均衡点を求めなさい。
(4) このゲームの部分ゲーム完全均衡点において各国の防衛戦略および攻撃戦略はどのようなものになるか。

問題 3.5 [シュタッケルベルク競争*]

同一種類の財を生産する企業 1 と企業 2 による複占市場を考える。各企業の生産量を q_1, q_2 とする。p を市場価格として，この市場の需要関数は $p = 18 - (q_1 + q_2)$ で与えられている。2 企業の費用構造は同一で，財 1 単位の生産につき 3 の費用がかかるとし，固定費用はないものとする。ここで，企業 1 が先に生産量 q_1 を決定し，次に企業 2 が q_1 の値を知ったうえで生産量 q_2 を決定する状況を考える。

(1) 各企業の利潤を q_1, q_2 の式として表しなさい。
(2) 企業 1 の生産量 q_1 を所与として，企業 2 の利潤を最大にする q_2 を q_1 の式で表しなさい。
(3) (2)で求めた企業 2 の最適応答を所与として，企業 1 の利潤を最大にする q_1 を求めなさい。
(4) (3)で求めた q_1 に対して，企業 2 の利潤を最大にする q_2 を求めなさい。
(5) 部分ゲーム完全均衡点において成立する市場価格を求めなさい。

問題 3.6 [イギリス式オークション*]

2 人の買い手 A と B によるオークションを考える。買い手の商品に対する評価額は，A が 300 円，B が 200 円である。オークションは競り人が価格を 0 円から 100 円ずつ競り上げる方式で，次のような手順で行われる。

- 競り人が価格 p を提示し，2 人の買い手はオークションから「降りる」か「降りない」を同時に決める。
- 1 人だけが降りたとき，降りなかった買い手が価格 p で落札する。
- 2 人とも降りたとき，落札価格は p で，落札者は公平なくじで決める。
- 2 人とも降りなかったときは，競り人が p から 100 円上げた価格を提示し，以降同様の手続きを繰り返す。
- ただし，提示価格が 300 円のときに 2 人とも降りなければ，落札価格

は 400 円で，落札者は公平なくじで決めて終了する．

買い手の利得は，商品を落札した場合は評価額と落札価格との差額とする．

(1) $p = 300$ 円のとき，買い手の弱支配戦略を求めなさい．
(2) $p = 300$ 円のときに買い手は弱支配戦略をプレイすることを前提として，$p = 200$ 円のときの買い手の弱支配戦略を求めなさい．
(3) $p = 300$ 円，200 円のときに買い手は弱支配戦略をプレイすることを前提として，$p = 100$ 円のときの買い手の弱支配戦略を求めなさい．

問題 3.7 [オランダ式オークション*]

2 人の買い手 A と B によるオークションを考える．買い手の商品に対する評価額は，A が 300 円，B が 200 円である．オークションは競り人が価格を 400 円から 100 円ずつ競り下げる方式で，次のような手順で行われる．

- 競り人が価格 p を提示し，2 人の買い手は提示価格で「買う」か「見送る」かを同時に決める．
- 1 人だけ「買う」を選んだとき，その買い手が価格 p で落札する．
- 2 人とも「買う」を選んだとき，落札価格は p で，落札者は公平なくじで決める．
- 2 人とも「見送る」を選んだときは，競り人が p から 100 円下げた価格を提示し，以降同様の手続きを繰り返す．
- ただし，提示価格が 200 円のときに 2 人とも見送れば，落札価格は 100 円で，落札者は公平なくじで決めて終了する．

買い手の利得は，商品を落札した場合は評価額と落札価格との差額とする．

(1) $p = 200$ 円のとき，買い手の弱支配戦略を求めなさい．
(2) $p = 200$ 円のときに買い手は弱支配戦略をプレイすることを前提として，$p = 300$ 円のときの買い手の弱支配戦略を求めなさい．
(3) $p = 200$ 円，300 円のとき，買い手は弱支配戦略をプレイすることを前提として，$p = 400$ 円のときの買い手の弱支配戦略を求めなさい．

問題 3.8 [コミットメントと誇示行動]

次のような2段階ゲームを考える。まずプレイヤー1が以下の利得行列で表されるゲーム G_A, G_B のどちらをプレイするかを決め，その後，その選択に応じて各ゲームがプレイされる。

G_A:

	L	R
U	3, 1	0, 0
D	0, 0	1, 3

G_B:

	L	R
U	2, 1	-1, 0
D	-1, 0	0, 3

(1) この2段階ゲームの部分ゲーム完全均衡点を求めなさい。

(2) この2段階ゲームを戦略形ゲームとして利得行列で表し，弱支配される戦略を逐次削除して残る戦略を求めなさい。

問題 3.9 [混合戦略と行動戦略]

車でドライブを楽しむドライバーが，あるドライブ・コースを走っている。このコースには分岐（Y字路）が2カ所あり，それぞれで左進（L）するか右進（R）するかにより，到着地が異なる（以下の表を参照）。このドライバーは海か山に行きたいが，公園と自宅には行きたくないと思っている。到着地が海か山のとき，ドライバーの利得は1とし，それ以外は0であるとしよう。

とくに断らない限り，ドライバーの記憶は完全であるとして，以下の問いに答えなさい。

分岐1	L	L	R	R
分岐2	L	R	L	R
到着地	海	公園	自宅	山

(1) ドライバーの意思決定をゲームの木で表現しなさい。

(2) ドライバーの純戦略をすべて書き出しなさい。

(3) 「確率 $\frac{2}{3}$ で海，確率 $\frac{1}{3}$ で山に到着する」ような混合戦略を求めなさい。

(4) 「確率 $\frac{2}{3}$ で海，確率 $\frac{1}{3}$ で山に到着する」ような行動戦略を求めなさい。

(5) ドライバーの記憶は不完全で，分岐1でどちらを選択したかを忘れてしまうとする。この状況で，「確率 $\frac{2}{3}$ で海，確率 $\frac{1}{3}$ で山に到着する」ような混合戦略と行動戦略を検討しなさい。

実験してみよう③

　演習 3.5（90 頁）で紹介した公共財供給ゲームを用いて次のような実験ができる（ただし，この実験ではプレイヤーの利得の投資額の合計にかかる係数が演習問題で用いた 0.6 から 0.4 に変更されている）。

　まず，ランダムに 4 人のグループをつくり，各人に 1 人 20 ポイントを与え，チーム共同プロジェクトへの投資額を決定してもらう。実際には，以下のような質問票を配布する。

共同プロジェクト・ゲーム：質問票
- あなたの所有ポイント：20 ポイント
- あなたの利得は次のように与えられます。

$$(\text{あなたの利得}) = 20 - (\text{あなたの投資額}) + 0.4 \times (\text{チームの投資額の合計})$$

あなたの投資額は？　　（　　　　）ポイント

　処罰機会付き共同プロジェクト・ゲームでは，上記の共同プロジェクト・ゲームに加えて，自分のポイントを 10 ポイントまで使って，他のプレイヤーを処罰することができるとする。ここでは自分の 1 ポイントで相手の利得を 3 ポイント下げることができるとする。

　次頁のような質問票を配布すればよい。

> **処罰機会付き共同プロジェクトゲーム：質問票**
> - あなたはプレイヤー（　）です。
> - あなたの所有ポイント：20 ポイント
>
> あなたの共同プロジェクトへの投資額は？　（　　　）ポイント
>
> | プレイヤー名 | 投資額 | 処罰ポイント |
> |---|---|---|
> | プレイヤー 1 | | |
> | プレイヤー 2 | | |
> | プレイヤー 3 | | |
> | プレイヤー 4 | | |
>
> - あなたの処罰可能ポイントは合計 10 ポイントです．
> - 1 ポイントで，3 ポイント相手の利得を下げることができます．もし，他のメンバーを処罰する場合には，上記の表の処罰したいプレイヤー名の横の処罰ポイントの欄に処罰に使うポイントを記入してください．
> - あなたの利得は次のように与えられます．
>
> (あなたの利得) = 20 − (あなたの投資額) + 0.4 × (チームの投資額の合計)
>   − (あなたの処罰額)
>   − (他のメンバーからの処罰額の合計) × 3

　4 人ゲームで処罰機会付きと処罰機会のない共同プロジェクト・ゲームをそれぞれ 5 回ずつ被験者にプレイさせるという実験がフェールとゲヒターによって行われた．演習 3.5 が示すようにナッシュ均衡点や部分ゲーム完全均衡点に基づく理論予測では，誰も共同プロジェクトに投資をしないという行動がとられることになるが，実際に被験者に上記のゲームをプレイさせると正の投資を行うことが観測されることが多い．さらに，処罰機会を設けるとプロジェクトへの投資額が増加し，理論的には行われないはずの処罰が実行されることが多い．

■参考文献：　E. Fehr and S. Gächter (2000) "Cooperation and Punishment in Public Goods Experiments," *American Economic Review*, **90**: 980-994.

第4章 繰り返しゲーム

●ねらい
同じ相手と同じゲームを繰り返しプレイするゲームのことを「繰り返しゲーム」という。同じ相手との継続的な競争や取引といった長期的な関係は，繰り返しゲームによって表現される。この章では，繰り返しゲームにおける代表的な戦略であるトリガー戦略によって，協調的行動が実現するメカニズムを理解する。

1 要点整理

繰り返しゲーム：同じ戦略形ゲームを同じプレイヤーが繰り返しプレイするゲームのこと。ここで，繰り返しプレイされる戦略形ゲームのことを**成分ゲーム**（ステージ・ゲーム）という。成分ゲームにおけるプレイヤーの戦略を**行動**と呼び，繰り返しゲームにおける戦略と区別する。繰り返しゲームは展開形ゲームとして表現できる。繰り返される回数は，有限の場合と無限の場合がある。

繰り返しゲームにおける戦略：繰り返しゲームの展開形表現における行動戦略。すなわち，すべての履歴に対して選択する行動（すなわち成分ゲームにおける戦略）を指定した計画のこと。

トリガー戦略：繰り返し囚人のジレンマにおける，次のような行動戦略のこと。

(i) 初回は「協力（C）」をプレイし，2回目以降は，前回まで (C, C) がプレイされている限り，C をプレイする。

(ii) 一度でも「裏切り（D）」がプレイされたら，以降ずっと D をプレイし

続ける。

この戦略では，一度でも相手に裏切られたら，以降ずっと協力しないという行動がとられる。

しっぺ返し戦略：繰り返し囚人のジレンマにおける，次のような行動戦略のこと。

初回は「協力（C）」をプレイし，2回目以降は，前回の相手と同じ行動をとる。

この戦略では，一度相手が裏切れば，次の自分の回では裏切ることになるが，相手が協力に戻れば，自分も次回から協力に戻る行動をとる。

割引因子と利得の評価：ゲームを繰り返しプレイすることで得られる利得を評価するとき，将来時点で得られる利得を現在時点で評価するために，ある比率で割り引いた値を**割引現在価値利得**という。また，この割り引く比率を**割引因子**といい，ギリシャ文字の δ（デルタの小文字）という記号で表す（ただし，δ は $0 \leq \delta < 1$ を満たす）。たとえば，次回に得られる利得 u の割引現在価値は，δu で表される。δ の値が 1 に近いほど，将来の利得に関心が高く，時間の遅れに対する忍耐度が高いことを表している。

繰り返しゲームにおける利得：一般に，毎回のプレイで得られる利得の割引現在価値の総和が繰り返しゲーム全体の利得として用いられる。図 4.1 のように t 回目（$t = 1, 2, \ldots$）のプレイで得られる利得を u_t，割引因子を δ とするとき，t 回目で得られる利得の割引現在価値は $\delta^{t-1} u_t$ となり，繰り返しゲーム全体での利得は，割り引かれた利得をすべて加えた，

$$u_1 + \delta u_2 + \delta^2 u_3 + \delta^3 u_4 + \delta^4 u_5 + \cdots$$

となる。これを**割引総利得**という。図 4.1 では，濃いグレー部分の面積の合計で表される。

割引総利得に $1 - \delta$ を乗じたものを**割引平均利得**という。割引平均利得は，繰り返しゲーム全体の利得と成分ゲームの利得とを同等に評価し，比較することができる点が便利である。

有限 T 回繰り返しゲームでは，利得の総和 $u_1 + \cdots + u_T$ やその平均 $\frac{u_1 + \cdots + u_T}{T}$ を繰り返しゲーム全体の利得と考えることもある。

繰り返しゲームのナッシュ均衡点：繰り返しゲームにおいて，あるプレイヤーが 1 人で行動戦略を変更しても割引総利得が増加しないような行動戦略

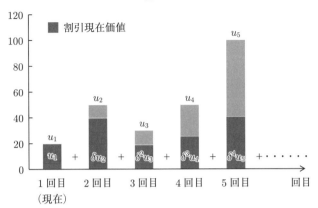

図 4.1

の組のこと。また、繰り返しゲームの**部分ゲーム完全均衡点**とは、どのプレイの履歴に対しても、あるプレイヤーが1人でそれ以降の行動戦略を変更しても割引総利得が増加しないような行動戦略の組のこと。

実現可能集合：成分ゲームにおいて、各プレイヤーがとりうるすべての戦略の組によって実現できる利得の組の集合のこと。

ミニマックス利得：あるプレイヤーのミニマックス利得とは、他のプレイヤーたちが選ぶ行動の組それぞれに対して、そのプレイヤーの最大利得を考えて、それらのなかで最小となる利得のことである。ミニマックス利得を実現する他のプレイヤーの行動の組のことを、そのプレイヤーに対する**ミニマックス行動**という。実現可能集合に含まれ、かつ、各プレイヤーの利得がミニマックス利得より大きい利得の組を**個人合理的**であるという。

フォーク定理：すべての個人合理的な利得の組は、割引因子 δ が十分1に近い（大きい）ときに、繰り返しゲームのナッシュ均衡点の割引平均利得として実現できるという定理。さらに、この定理が（弱い条件のもとで）部分ゲーム完全均衡点でも成り立つことを示したものを**完全フォーク定理**という。

2 理解度チェック

チェック 4.1 [繰り返しゲームの戦略]

以下を読み，空欄にあてはまる適切な語句を答えなさい。

次の戦略形ゲームが2回繰り返されるとする。

		プレイヤー2	
		L	R
プレイヤー1	T	1, 2	0, 0
	B	0, 0	2, 1

(1) 1回目のゲームで起こりうる行動の組をすべて挙げると $\boxed{1}$ である。

(2) ゲームが2回繰り返される場合の戦略は，1回目の成分ゲームの行動と1回目のゲームで起こりうる行動の組それぞれに対して，2回目の成分ゲームの行動を指定するものである。$(a, (b, c, d, e))$ で，1回目の成分ゲームでの行動は a，1回目の成分ゲームの行動の組が (T, L) であった場合の2回目の成分ゲームでの行動を b，1回目の成分ゲームの行動の組が (T, R) であった場合の2回目の成分ゲームでの行動を c，1回目の成分ゲームの行動の組が (B, L) であった場合の2回目の成分ゲームでの行動を d，1回目の成分ゲームの行動の組が (B, R) であった場合の2回目の成分ゲームでの行動を e，とする戦略を表す。

1回目はBを選び，2回目は，1回目の結果が (T, L) の場合はT，(T, R) の場合はB，(B, L) の場合はT，(B, R) の場合はBを選ぶようなプレイヤー1の戦略は $\boxed{2}$ と表される。

1回目はLを選び，2回目は，1回目にプレイヤー1がTを選んだ場合はL，Bの場合はRを選ぶようなプレイヤー2の戦略は $\boxed{3}$ と表される。

(3) プレイヤー1は戦略 $\boxed{2}$ をプレイし，プレイヤー2は戦略 $\boxed{3}$ をプレイするとき，1回目の成分ゲームの結果は $\boxed{4}$ となり，2回目の成分ゲームの結果は $\boxed{5}$ となる。

■解答: $\boxed{1}$ (T,L), (T,R), (B,L), (B,R), $\boxed{2}$ (B, (T, B, T, B)), $\boxed{3}$ (L, (L, L, R, R)), $\boxed{4}$ (B, L), $\boxed{5}$ (T, R)

チェック 4.2［割引総利得と割引平均利得］ ⇒ 演習 4.4

割引因子を δ として，以下を読み，空欄にあてはまる適切な数値，式を答えなさい．

毎回の利得が 4 であるとする．このときの割引総利得を δ を用いて表すと，無限等比数列の和の公式より $\boxed{1}$ であり（⇒ **Help ❶**, 15 頁），$\delta = 0.8$ のときの値は $\boxed{2}$ である．このときの割引平均利得は $\boxed{3}$ となる．

初回が 6 で 2 回目以降は毎回 2 の利得を得るとする．このときの割引総利得を δ を用いて表すと $\boxed{4}$ であり，$\delta = 0.8$ のときの値は $\boxed{5}$ である．このときの割引平均利得を δ を用いて表すと $\boxed{6}$ となる．

毎回確率 $\frac{1}{2}$ で 4，確率 $\frac{1}{2}$ で 2 の利得を得るとき，期待割引総利得を δ を用いて表すと $\boxed{7}$ であり，割引平均利得は $\boxed{8}$ である．

■解答: $\boxed{1}$ $\frac{4}{1-\delta}$, $\boxed{2}$ $\frac{4}{0.2} = \mathbf{20}$, $\boxed{3}$ 4, $\boxed{4}$ $6 + \frac{\delta}{1-\delta} \times 2$, $\boxed{5}$ $6 + \frac{0.8}{0.2} \times 2 = \mathbf{14}$, $\boxed{6}$ $6(1-\delta) + 2\delta$, $\boxed{7}$ $\left(\frac{1}{2} \times 4 + \frac{1}{2} \times 2\right) \frac{1}{1-\delta} = \frac{3}{1-\delta}$, $\boxed{8}$ 3

チェック 4.3［トリガー戦略］ ⇒ 演習 4.1

次の利得行列で表される囚人のジレンマを成分ゲームとする無限回繰り返しゲームについて，以下を読み，空欄にあてはまる適切な数値，語句，式を答えなさい．

プレイヤー 2

		C	D
プレイヤー 1	C	5, 5	0, 7
	D	7, 0	1, 1

成分ゲームのナッシュ均衡点は，$\boxed{1}$ である．相手の戦略が「毎回 D をプレイする」であるとき，最適応答は「毎回 $\boxed{2}$ をプレイする」ことである．したがって，成分ゲームのナッシュ均衡戦略を毎回プレイする

戦略の組は，繰り返しゲームのナッシュ均衡点である。これは割引因子 δ の値には依存しない。

次に，トリガー戦略の組を考える。どちらのプレイヤーもトリガー戦略に従ってプレイするとき，毎回 $\boxed{3}$ の行動の組がプレイされる。このときの割引総利得を δ を用いて表すと $\boxed{4}$ である。

プレイヤー2はトリガー戦略をプレイするとする。プレイヤー1が1回目にトリガー戦略から逸脱してCではなくDをプレイすると，プレイヤー1の1回目の利得は $\boxed{5}$ である。2回目以降，プレイヤー2はトリガー戦略に従って毎回Dをプレイするので，これに対するプレイヤー1の最適な行動は毎回Dをプレイすることである。このとき，2回目以降のプレイヤー1の割引総利得は $\boxed{6}$ である。

プレイヤー2がトリガー戦略であるとき，プレイヤー1もトリガー戦略をとることが最適応答となるのは，

$$\boxed{4} \geqq \boxed{5} + \boxed{6}$$

が成り立つときである。これを解くと $\delta \geqq \boxed{7}$ である。したがって，$\delta \geqq \boxed{7}$ のとき，トリガー戦略の組は繰り返しゲームのナッシュ均衡点となる。

■解答： $\boxed{1}$ (D, D), $\boxed{2}$ D, $\boxed{3}$ (C, C), $\boxed{4}$ $\frac{5}{1-\delta}$, $\boxed{5}$ 7, $\boxed{6}$ $\frac{\delta}{1-\delta}$, $\boxed{7}$ $\frac{1}{3}$

チェック 4.4 [個人合理的利得]

次の利得行列で表される戦略形ゲームを考える。

プレイヤー2

		L	R
プレイヤー1	T	5, 0	2, 1
	B	4, 3	1, 4

(1) 以下を文章の空欄にあてはまる適切な語句，数値を答えなさい。

プレイヤー2の戦略がLのとき，プレイヤー1が得られる利得の最大値は $\boxed{1}$ である。プレイヤー2の戦略がRのとき，プレイ

ヤー1が得られる利得の最大値は $\boxed{2}$ である。$\boxed{1}$ > $\boxed{2}$ より，プレイヤー1に対するプレイヤー2のミニマックス行動は $\boxed{3}$ であり，プレイヤー1のミニマックス利得は $\boxed{4}$ である。

プレイヤー1の戦略がTのとき，プレイヤー2が得られる利得の最大値は $\boxed{5}$ である。プレイヤー1の戦略がBのとき，プレイヤー2が得られる利得の最大値は $\boxed{6}$ である。$\boxed{5}$ < $\boxed{6}$ より，プレイヤー2に対するプレイヤー1のミニマックス行動は $\boxed{7}$ であり，プレイヤー2のミニマックス利得は $\boxed{8}$ である。

(2) このゲームの実現可能集合は下図の線分で囲まれた領域で表される。このゲームの個人合理的な利得の組を表す領域を下図に図示しなさい。

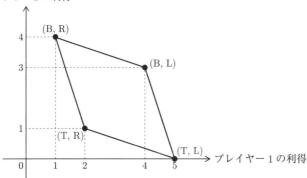

■解答： (1) $\boxed{1}$ 5, $\boxed{2}$ 2, $\boxed{3}$ R, $\boxed{4}$ 2, $\boxed{5}$ 1, $\boxed{6}$ 4, $\boxed{7}$ T, $\boxed{8}$ 1

(2) 個人合理的な利得の組は，実現可能集合に含まれ，かつ各プレイヤーの利得がミニマックス利得より大きいものである。したがって，求める領域は次頁の**図 4.2** のグレーの部分である。

図 4.2 (答)

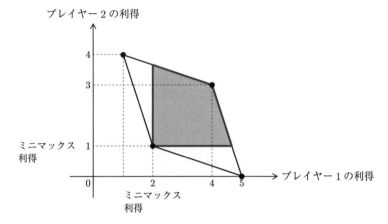

3 演習問題

演習 4.1 [トリガー戦略*]

次の利得行列で表される囚人のジレンマを無限回繰り返しプレイすることを考える。

		囚人 2 協力 (C)	囚人 2 裏切り (D)
囚人 1	協力 (C)	3, 3	0, 5
囚人 1	裏切り (D)	5, 0	1, 1

トリガー戦略の組が繰り返しゲームのナッシュ均衡点となるような割引因子 δ の範囲を求めなさい。

■ヒント: 相手がトリガー戦略をとっているとき,自分もトリガー戦略に従ってプレイしたときに得られる割引総利得を考える。もしトリガー戦略に従わず,1回目に D をプレイしたならば,2回目以降,相手はずっと D をプレイすることになるが,これに対する最適な行動は自分も D をプレイし続けることである。この場合,割引総利得はいくらになるだろうか。

■解答: 相手はトリガー戦略をとっているとする。自分もトリガー戦略に従うと,毎回 (C, C) がプレイされるので,割引総利得は,

$$3 + \delta \times 3 + \delta^2 \times 3 + \cdots = \frac{3}{1-\delta}$$

である。

一方,トリガー戦略に従わず,1回目に D をプレイすれば,1回目は利得 5 を得る。相手はトリガー戦略に従うので,2回目以降ずっと D を選択し続けることになる。このとき自分も D を選択し続けると利得が最大となる。つまり,トリガー戦略に従わない場合に得られる最大利得は,

$$5 + \delta \times 1 + \delta^2 \times 1 + \cdots = 5 + \frac{\delta}{1-\delta} = \frac{5-4\delta}{1-\delta}$$

である。トリガー戦略に従うことが最適応答となるのは,上で求めた割引総利

得について

$$\frac{3}{1-\delta} \geq \frac{5-4\delta}{1-\delta}$$

が成り立つときである．この不等式を δ について解くと，$\delta \geq \frac{1}{2}$ となる．

$$\delta \geq \frac{1}{2} \quad (\text{答})$$

■コメント： 解答では，トリガー戦略に従わない場合，1回目でDをプレイすることを考えているが，これは何回目であってもよい．たとえば，5回目ではじめてDをプレイしたとする．6回目以降，相手はDをプレイし続けるので，自分もDをプレイし続けることが最適である．このプレイで得られる割引総利得は，

$$3 + 3\delta + 3\delta^2 + 3\delta^3 + 5\delta^4 + \delta^5 + \delta^6 + \cdots$$

である．ここで，4回目までに得られる利得はトリガー戦略に従った場合と同じであることに注意すると，トリガー戦略が最適となるのは，5回目以降の割引総利得を比較して，

$$\frac{3\delta^4}{1-\delta} \geq 5\delta^4 + \frac{\delta^5}{1-\delta^5}$$

が成り立つときである．両辺を δ^4 で割ると，1回目でDをプレイする場合と同じ条件となる．

演習 4.2 [有限回繰り返し囚人のジレンマ*]

次の利得行列で表される囚人のジレンマを T 回繰り返しプレイすることを考える。繰り返しゲームでの利得は，毎回の利得の総和であるとする。

		プレイヤー 2	
		協力（C）	裏切り（D）
プレイヤー 1	協力（C）	5, 5	0, 7
	裏切り（D）	7, 0	1, 1

(1) $T=2$ とき，繰り返しゲームの部分ゲーム完全均衡点では 2 回とも (D, D) がプレイされることを示しなさい。

(2) $T=3$ とき，繰り返しゲームの部分ゲーム完全均衡点では 3 回とも (D, D) がプレイされることを示しなさい。

■ヒント： (1) 後向き帰納法に従って 2 回目のプレイから考える。2 回目のプレイは，囚人のジレンマを 1 回だけプレイすることと同じである。

(2) 3 回目のプレイから考える。3 回目のプレイは (D, D) と確定できる。

■解答： (1) 2 回繰り返し囚人のジレンマの展開形は図 4.3 で表される。

図 4.3

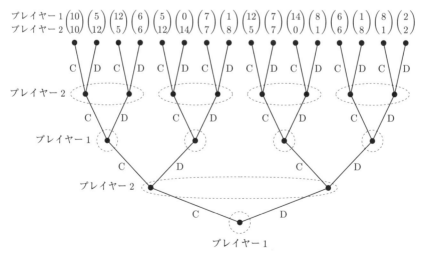

2回目のゲームから考える。1回目のプレイで得られた各プレイヤーの利得をそれぞれ x_1, x_2 とする。2回目のゲームの利得行列は，次のようになる。

	C	D
C	$x_1+5,\ x_2+5$	$x_1+0,\ x_2+7$
D	$x_1+7,\ x_2+0$	$x_1+1,\ x_2+1$

このとき，どちらのプレイヤーにとってもDが支配戦略である。このことは x_1, x_2 の値に依存しない。つまり，2回目のゲームでは，1回目のプレイに関係なく，(D, D) がプレイされる。

次に，1回目のゲームを考える。上述の議論より，1回目のプレイに関係なく，2回目は (D, D) がプレイされ，どちらのプレイヤーも利得1を得ることが確定している。これをふまえた1回目のゲームの利得行列は次のようになる。

	C	D
C	$5+1,\ 5+1$	$0+1,\ 7+1$
D	$7+1,\ 0+1$	$1+1,\ 1+1$

この利得行列より，どちらのプレイヤーにとってもDが支配戦略である。よって，1回目も (D, D) がプレイされる。

以上より，2回とも (D, D) がプレイされることが示された。

(2) 3回目のゲームから考える。1回目と2回目のプレイで得られた各プレイヤーの利得の合計をそれぞれ x_1, x_2 とする。3回目のゲームの利得行列は，(1)と同じく次のようになる。

	C	D
C	$x_1+5,\ x_2+5$	$x_1+0,\ x_2+7$
D	$x_1+7,\ x_2+0$	$x_1+1,\ x_2+1$

このとき，どちらのプレイヤーにとってもDが支配戦略である。このことは x_1, x_2 の値に依存しない。つまり，3回目のゲームでは，1回目と2回目のプレイに関係なく，(D, D) がプレイされる。

次に，2回目のゲームを考える。1回目のプレイで得られた各プレイヤーの利得をそれぞれ y_1, y_2 とする。上述の議論より，2回目のプレイに関係なく，

3回目は (D, D) がプレイされ,どちらのプレイヤーも利得1を得ることが確定している。これをふまえた2回目のゲームの利得行列は次のようになる。

	C	D
C	$y_1+5+1,\ y_2+5+1$	$y_1+0+1,\ y_2+7+1$
D	$y_1+7+1,\ y_2+0+1$	$y_1+1+1,\ y_2+1+1$

この利得行列より,どちらのプレイヤーにとってもDが支配戦略である。よって,2回目も (D, D) がプレイされる。

次に1回目のゲームを考える。上述の議論より,1回目のプレイに関係なく,2回目と3回目は (D, D) がプレイされ,どちらのプレイヤーも利得1を2回目も3回目も得ることが確定している。これをふまえた1回目のゲームの利得行列は次のようになる。

	C	D
C	$5+2,\ 5+2$	$0+2,\ 7+2$
D	$7+2,\ 0+2$	$1+2,\ 1+2$

この利得行列より,どちらのプレイヤーにとってもDが支配戦略である。よって,1回目も (D, D) がプレイされる。

以上より,3回とも (D, D) がプレイされることが示された。

■コメント: ゲームを繰り返す回数が何回であっても,それが有限である限り結果は変わらない。すなわち,有限回繰り返し囚人のジレンマの部分ゲーム完全均衡点は (D, D),すなわち成分ゲームのナッシュ均衡点が毎回繰り返しプレイされるものしかない (⇒ 練習問題 4.3)。

演習 4.3 [塹壕戦*]

第一次世界大戦の初期に，ドイツ軍と連合国軍との間で行われた塹壕(ざんごう)戦では，互いに本格的な攻撃が加えられず戦線が膠着(こうちゃく)した状況が見られたという。塹壕戦での各軍の選択肢は，相手を殺す意図を持って

		ドイツ軍	
		外す	狙う
連合国軍	外す	4, 4	1, 8
	狙う	8, 1	2, 2

狙いを定めて相手を狙撃する（「狙う」）か，相手を殺す意図を持たずに，わざと狙いを外す（「外す」）かのいずれかであるとする。相手が狙いを定めて狙撃してくる場合，自軍は狙いをわざと外すよりも，狙いを定めて狙撃するほうが望ましいとする。相手が狙いをわざと外してくる場合も，自軍は狙いをわざと外すよりも，狙いを定めて攻撃するほうが望ましいとする。これを戦略形ゲームとして表現したものが上の利得行列である。このゲームが戦争が終わるまで毎日繰り返しプレイされるとする。

(1) 両軍の兵士が「この戦争はいつ終わるかわからない」と考えているとする。割引因子 δ が十分大きいとき，両軍が毎日「外す」を選ぶことがナッシュ均衡プレイとなることを説明しなさい。

(2) 戦争が終わりに近づいていることが明らかとなったときには，このような戦線の膠着状況が見られなくなったという。この現象を後向き帰納法を用いて説明しなさい。

第一次世界大戦時の塹壕

(写真提供：dpa/時事通信フォト)

■ヒント： (1) 戦争がいつ終わるかわからないということは，塹壕戦が無限に繰り返しプレイされると双方が認識していると解釈できる。そこで，両軍が毎日「外す」をプレイすることがナッシュ均衡点となるようなトリガー戦略を構成すればよい。
(2) 戦争の終わりをプレイヤーが認識するということは，塹壕戦は有限回繰り返しプレイされると認識していると解釈できる。この有限回繰り返しゲームに，後向き帰納法を適用する。

■解答： (1) 両軍の兵士が，この戦争はいつ終わるかわからない場合は，彼らは「無限回」塹壕戦をプレイしていると解釈できる。このとき，彼らは互いに次のようなトリガー戦略をとっているとする。

- 初日は「外す」を選ぶ。
- 前日までずっと「外す」がプレイされていたら，その日は「外す」を選ぶ。
- 前日までに一度でも「狙う」がプレイされていれば，その日以降「狙う」を選ぶ。

相手がこのトリガー戦略をとっているとする。自軍もトリガー戦略に従ってプレイしたときの割引総利得は $\frac{4}{1-\delta}$ である。トリガー戦略から逸脱して，「狙う」を選べば，その日は 8 の利得を得るが，次の日以降，毎日 2 の利得を得ることになるので，割引総利得は $8+\frac{2\delta}{1-\delta}$ となる。したがって，$\frac{4}{1-\delta} \geqq 8+\frac{2\delta}{1-\delta}$，すなわち，$\delta \geqq \frac{2}{3}$ であるとき，トリガー戦略の組は繰り返しゲームのナッシュ均衡点となる。このとき，両軍ともに毎日「外す」をプレイすることになる。

(2) 両軍の兵士の間で「間もなく戦争が終結する」という認識がされた場合，彼らは「有限回」繰り返し囚人のジレンマをプレイすると解釈できる。すると，最終日には両軍ともに「狙う」を選び，その前日も互いに「狙う」を選ぶ。以下同様に考えると，後向き帰納法より，両軍とも上記の認識をした時点から毎日「狙う」を選択することが，繰り返しゲームの唯一の部分ゲーム完全均衡点である。

■コメント： 第一次世界大戦における塹壕戦が繰り返し囚人のジレンマで表現できることを指摘したのはアクセルロッドである。アクセルロッドは著書（『つきあい方の科学――バクテリアから国際関係まで〔新装版〕』松田裕之訳，ミネルヴァ書房，1998年）で，この問題で取り上げたような，なぜ敵対しているプレイヤー間で協調状況が生まれるかという問題以外に，なぜそのような協調が始ま

ったのか，なぜ第一次世界大戦でのみこのような状況が見られたのか，などの分析を行っている．なお，アクセルロッドは，「しっぺ返し」戦略がプレイされることによって協調が実現することを検討している．興味のある読者は，割引因子が十分大きいとき，しっぺ返し戦略の組もナッシュ均衡点となることを確かめてみられるとよい．

演習 4.4 [ダイナミックな協調*]

アンジーとブラッドは，毎月末に映画を観に行くことにしている。2人は直接の知り合いではないが，どちらも相手に密かに好意を抱いており，独りで観るよりは，2人で同じ映画を観るほうがよいと思っている。ただし，映画に対する好みは異なっており，アンジーはラブコメディー映画が好きだが，ブラッドはアクション映画が好きである。この状況を以下の利得行列で表す。

		ブラッド	
		ラブコメ	アクション
アンジー	ラブコメ	4, 2	1, 1
	アクション	0, 0	2, 4

この利得行列で表されるゲームを成分ゲームとする無限回繰り返しゲームを考える。

(1) 成分ゲームの純戦略ナッシュ均衡点を求めなさい。

(2) ゲームの履歴によらず，奇数月は「ラブコメ」，偶数月は「アクション」を観に行くという戦略を考える。2人ともこの戦略に従ってプレイすることが，繰り返しゲームのナッシュ均衡点であることを説明しなさい。

(3) (2)の均衡において，アンジーとブラッドの割引平均利得をそれぞれ割引因子 δ の式として表しなさい。また，δ の値が1に近づくとき，それらはどんな値に近づくか。

> ■ヒント： (2) ブラッドが題意の戦略をプレイするとき，アンジーも同じ戦略に従えば，各月に得られる利得は最大となる。
> (3) 割引総利得の式において，奇数月だけあるいは偶数月だけに注目すると，公比が δ^2 の等比級数となっている。割引平均利得は割引総利得に $1-\delta$ を乗じたものである。

■解答： (1) アンジーもブラッドも，「ラブコメ」に対する最適応答は「ラブコメ」，「アクション」に対する最適応答は「アクション」である。これより，ナッシュ均衡点は，「2人ともラブコメディー映画を観る」と，「2人ともアクション映画を観る」の2つである。

$$(\text{ラブコメ}, \text{ラブコメ}), \quad (\text{アクション}, \text{アクション}) \quad (\text{答})$$

(2) 題意の戦略を s とする。ブラッドの戦略が s であるとき，アンジーも s をプレイすることが最適である。なぜなら，ブラッドが「ラブコメ」であるときにはアンジーも「ラブコメ」，ブラッドが「アクション」であるときにはアンジーも「アクション」を選ぶことが各月の利得を最大にする（つまり，s とは異なる戦略をプレイしても，s よりも高い利得を得ることはできない）からである。同様に，アンジーの戦略が s であるとき，ブラッドも s をプレイすることが最適である。したがって，戦略の組 (s,s) は繰り返しゲームのナッシュ均衡点である。

(3) アンジーの割引総利得は，

$$4 + 2\delta + 4\delta^2 + 2\delta^3 + \cdots$$
$$= (4 + 4\delta^2 + 4\delta^4 + \cdots) + (2\delta + 2\delta^3 + \cdots)$$
$$= \frac{4}{1-\delta^2} + \frac{2\delta}{1-\delta^2} = \frac{4+2\delta}{(1-\delta)(1+\delta)}$$

であるから，割引平均利得はこれに $1-\delta$ をかけて，

$$(1-\delta) \times \frac{4+2\delta}{(1-\delta)(1+\delta)} = \frac{4+2\delta}{1+\delta}$$

である。

ブラッドの割引総利得は，

$$2 + 4\delta + 2\delta^2 + 4\delta^3 + \cdots$$
$$= (2 + 2\delta^2 + 2\delta^4 + \cdots) + (4\delta + 4\delta^3 + \cdots)$$
$$= \frac{2}{1-\delta^2} + \frac{4\delta}{1-\delta^2} = \frac{2+4\delta}{(1-\delta)(1+\delta)}$$

であるから,割引平均利得は同様に,

$$(1-\delta) \times \frac{2+4\delta}{(1-\delta)(1+\delta)} = \frac{2+4\delta}{1+\delta}$$

である.

> アンジー：$\dfrac{4+2\delta}{1+\delta}$, ブラッド：$\dfrac{2+4\delta}{1+\delta}$ (答)

$\delta \to 1$ のとき,

$$\frac{4+2\delta}{1+\delta} \to 3, \qquad \frac{2+4\delta}{1+\delta} \to 3$$

である.

> 2人の割引平均利得はともに3に近づく(収束する) (答)

■コメント： 成分ゲームの純戦略ナッシュ均衡点は(ラブコメ,ラブコメ),(アクション,アクション)であるが,均衡利得に関して,プレイヤー間で利害の対立がある(アンジーは前者,ブラッドは後者のほうが利得が高い).(2)で示したように,ゲームの履歴によらず各成分ゲームのナッシュ均衡点を毎回プレイすることは,繰り返しゲームのナッシュ均衡点である.このことはδの値の大きさに依存しない.(3)で示されたように,δの値が大きければ,2人の割引平均利得はほぼ等しくなる.すなわち,成分ゲームのナッシュ均衡点を交互にプレイすることにより,プレイヤー間の利害の対立を緩和することができる.

演習 4.5 [クールノー複占市場における協調]

同じ業界に属する企業 1 と 2 が自社の供給量を高水準（H），中水準（M），低水準（L）のいずれかの水準に決める。そのときに得られる各企業の利益を利得とする戦略形ゲーム G が，次の利得行列で表されている。G を成分ゲームとする無限回繰り返しゲームを考える。割引因子を δ とする。なお，ここでは純戦略のみを考えることにする。

		企業 2 L	企業 2 M	企業 2 H
企業 1	L	10, 10	3, 15	0, 7
企業 1	M	15, 3	7, 7	−4, 5
企業 1	H	7, 0	5, −4	−15, −15

(1) G における各企業のミニマックス利得を求めなさい。

(2) G のナッシュ均衡点を求めなさい。

(3) 次のようなトリガー戦略を考える。
 (i) 初回は L をプレイし，2 回目以降は，前回まで (L, L) がプレイされている限り，L をプレイする。
 (ii) 一度でも (L, L) 以外がプレイされたら，以降ずっと M をプレイし続ける。

$\delta \geqq \frac{5}{8}$ のとき，このトリガー戦略の組が部分ゲーム完全均衡点であることを示しなさい。

■ヒント： (1) 企業 2 の行動がそれぞれ L, M, H であるとき，企業 1 が得られる最大利得をそれぞれ求める。これら 3 つの最小値が，企業 1 のミニマックス利得である。

(2) 強く支配される戦略を逐次削除することで求めることができる。

(3) いかなる履歴においても，トリガー戦略から逸脱するインセンティブがないような δ の条件を調べる。履歴については，前回まで (L, L) だけがプレイされている場合と，一度でも (L, L) 以外がプレイされている場合とに分けて考えること。

■解答： (1) 企業 2 の戦略が L のとき，企業 1 が得られる最大利得は，M を選んだときの 15 である。企業 2 が M のときは，企業 1 も M を選んだときの

利得 7，企業 2 が H のときは，L を選んだときの利得 0 が最大利得である．これら最大利得の最小値は 0 である．したがって，企業 1 のミニマックス利得は 0 である．G の利得行列は対称であるから，企業 2 のミニマックス利得も 0 である．

企業 1 のミニマックス利得は 0，　企業 2 のミニマックス利得は 0　（答）

(2) どちらの企業にとっても，戦略 H は戦略 L もしくは M に強く支配されるので削除する．H を削除した後，L は M に強く支配されるので削除する．残った戦略の組は (M, M) のみである．したがって，G の唯一のナッシュ均衡点は (M, M) である．

(M, M)　（答）

(3) 相手がトリガー戦略をとっているとして，t 回目以降のゲーム（部分ゲーム）を考える．t 回目以前に一度も (L, L) 以外がプレイされていないとき，t 回目以降もトリガー戦略に従ったときに得られる割引総利得は，

$$10\delta^{t-1} + 10\delta^{t} + 10\delta^{t+1} + \cdots = \frac{10\delta^{t-1}}{1-\delta}$$

である．一方，トリガー戦略に従わず t 回目に M を選ぶとより高い利得 15 を得ることができる．相手はトリガー戦略をとっているので，$t+1$ 回目以降ずっと M をプレイすることになるから，それに対する最適応答は $t+1$ 回目以降ずっと M を選び続けることである．つまり，トリガー戦略から逸脱したときに得られる割引総利得は，

$$\delta^{t-1} \times 15 + \delta^{t} \times 7 + \delta^{t+1} \times 7 + \cdots = 15\delta^{t-1} + \frac{7\delta^{t}}{1-\delta}$$

である．つまり，

$$\frac{10\delta^{t-1}}{1-\delta} \geq 15\delta^{t-1} + \frac{7\delta^{t}}{1-\delta}$$

が成り立つとき，トリガー戦略から逸脱するインセンティブがない．上式を δ について整理すると，

$$\delta \geq \frac{5}{8}$$

となる．つまり，$\delta \geq \frac{5}{8}$ のとき，トリガー戦略に従うことが（t 回目以降のゲー

ムでの）最適応答である．

　t 回目以前に一度でも (L, L) 以外がプレイされている場合，相手はトリガー戦略なので，t 回目以降，毎回 M をプレイする．これに対する最適応答は，毎回 M をプレイすることであるが，これはトリガー戦略に従うことと同じである．すなわち，この場合でもトリガー戦略に従うことが（t 回目以降のゲームでの）最適応答である．

　以上より，どのような履歴においても，トリガー戦略に対する最適応答はトリガー戦略であるので，トリガー戦略の組は部分ゲーム完全均衡点である．

■**コメント：**　囚人のジレンマでは，成分ゲームのナッシュ均衡利得とミニマックス利得が一致していたが，一般には一致しない．これらが一致しない場合，トリガー戦略において相手の逸脱を処罰するときにミニマックス行動をとることは，部分ゲーム完全均衡点の条件を満たさないという問題点が発生する（部分ゲーム完全均衡点ではなくナッシュ均衡点を考えるのであれば，このことは問題にならない）．

　本問では，均衡プレイから逸脱した場合の処罰として，成分ゲームのナッシュ均衡点を毎回プレイすることを用いて，効率的な結果を部分ゲーム完全均衡点として実現することが可能となっている．

演習 4.6 ［暗黙の談合と課徴金］

企業 1 と 2 による公共事業の競争入札を考える。2 社の戦略は「高価格」を入札するか，「低価格」を入札するかのいずれかである。2 社の戦略と利得との関係は，次の利得行列で表される（単位：百万円）。この競争入札が無限回繰り返し行われる。

		企業 2	
		高価格	低価格
企業 1	高価格	18, 18	0, 36
	低価格	36, 0	15, 15

市場金利は 5% として，割引因子は $\delta = \frac{1}{1.05}$ であるとする。

(1) 2 社とも毎回「高価格」を入札することが，繰り返しゲームのナッシュ均衡点となりうることを説明しなさい。

(2) 2 社とも「高価格」を入札した場合，確率 10% で談合とみなされ，罰金が科されるとする。トリガー戦略の組が繰り返しゲームのナッシュ均衡点とならないような罰金額は，いくらであればよいか。

(3) 市場金利が 12% に上昇することにより，割引因子が下落したとしよう。このとき，トリガー戦略の組が繰り返しゲームのナッシュ均衡点とならないような罰金額はいくらであればよいか。

■ヒント： (1) トリガー戦略を考える。
(2) 罰金額を x とすると，2 社ともが「高価格」を入札したときの期待利得は $18 - 0.1x$ である。x が十分大きければ，トリガー戦略に従ったときの割引総利得は，トリガー戦略から逸脱したときよりも小さくなる。
(3) 市場金利 r と割引因子 δ との間には $\delta = \frac{1}{1+r}$ という関係がある。$r = 0.12$ のときの δ の値はいくらかを考える。

■解答： (1) 次のようなトリガー戦略を考える。

- 1 回目は「高価格」を入札する。
- 前回までに 1 回も「低価格」が入札されていなければ，その回は「高価格」を入札。

- 前回までに 1 回でも「低価格」が入札されていれば，その回以降「低価格」を入札。

他社はトリガー戦略をプレイするとする。自社もトリガー戦略をプレイすると，毎回，戦略の組 (高価格，高価格) が実現するので，割引総利得は，

$$18 + \delta \times 18 + \delta^2 \times 18 + \cdots = \frac{18}{1-\delta} = \frac{18}{1-\frac{1}{1.05}} = 378$$

である。一方，自社はトリガー戦略から逸脱し，「高価格」ではなく「低価格」を選択すると，この逸脱によって，今期 36 の利潤を得ることになる。しかし，次期以降は，戦略の組 (低価格，低価格) が実現する。自社がトリガー戦略から逸脱したときの割引総利得は，最大でも

$$36 + \delta \times 15 + \delta^2 \times 15 + \cdots = 36 + \frac{15\delta}{1-\delta} = 36 + \frac{15 \times \frac{1}{1.05}}{1-\frac{1}{1.05}} = 336$$

である。これはトリガー戦略に従った場合よりも小さい。したがって，トリガー戦略の組は繰り返しゲームのナッシュ均衡点である。

(2) 罰金額を x とする。2 社とも「高価格」を選択したときの期待利得は，

$$18 - 0.1x$$

である。他社がトリガー戦略に従うとき，自社がトリガー戦略をプレイするときの割引総利得は，

$$\frac{18 - 0.1x}{1-\delta}$$

である。一方，トリガー戦略に従わず，今期「低価格」をプレイしたときに得られる割引総利得は，(1)の結果より最大で，

$$36 + \frac{15\delta}{1-\delta} = \frac{36 - 21\delta}{1-\delta}$$

である。トリガー戦略の組がナッシュ均衡点とならないためには，

$$18 - 0.1x < 36 - 21\delta$$

である。ここで，$\delta = \frac{1}{1.05}$ を代入すると，

$$x > 20$$

である。

> 2000万円より大きければよい （答）

(3) (2)より，必要な罰金額の下限 x は方程式，

$$18 - 0.1x = 36 - 21\delta$$

を満たす。市場金利が 12% のとき，$\delta = \frac{1}{1.12}$ である。このとき方程式の解は $x = 7.5$ である。

> 750万円より大きければよい （答）

4 練習問題

問題 4.1 [非対称囚人のジレンマ*]

次の利得行列で表される囚人のジレンマを無限回繰り返しプレイすることを考える。割引因子は δ とする。

		プレイヤー 2	
		協力 (C)	裏切り (D)
プレイヤー 1	協力 (C)	4, 3	0, 4
	裏切り (D)	5, 0	1, 2

(1) プレイヤー 2 がトリガー戦略をとるとき，プレイヤー 1 の最適応答がトリガー戦略となるような δ の範囲を求めなさい。

(2) プレイヤー 1 がトリガー戦略をとるとき，プレイヤー 2 の最適応答がトリガー戦略となるような δ の範囲を求めなさい。

(3) トリガー戦略の組が繰り返しゲームのナッシュ均衡点となるような δ の範囲を求めなさい。

問題 4.2 [クールノー複占市場ゲーム*]

クールノー複占市場ゲームを考える。市場需要曲線は $p = -x + 13$ (p：価格, x：需要量) とし，2 社の費用構造は同一で，1 単位の生産につき 1 の費用がかかる。

(1) 2 社の共同利潤（利潤の合計）が最大になるような総生産量 y^m を求めなさい。

(2) このゲームが 1 回だけプレイされるときのナッシュ均衡点 (y^c, y^c) を求めなさい。

(3) このゲームを無限回繰り返しプレイするとき，次のようなトリガー戦略を考える。

　(i) 初回は $\frac{1}{2}y^m$ を生産する。

　(ii) 2 回目以降，相手企業が $\frac{1}{2}y^m$ を生産する限り，$\frac{1}{2}y^m$ を生産する。

(iii) 相手企業が $\frac{1}{2}y^m$ 以外を生産した場合，以降ずっと y^c を生産する。

この戦略の組が繰り返しゲームのナッシュ均衡点となるような割引因子 δ の範囲を求めなさい。

問題 4.3 [有限回繰り返しゲームと後向き帰納法*]

以下の利得行列で表される囚人のジレンマを T 回繰り返すゲームを考える（ただし，$d > a > c > b$ とする）。

		プレイヤー 2	
		C	D
プレイヤー 1	C	a, a	b, d
	D	d, b	c, c

T が有限である限り，繰り返しゲームの部分ゲーム完全均衡点では，毎回 (D, D) がプレイされることを示しなさい。

問題 4.4 [成分ゲームのナッシュ均衡点*]

次の利得行列で表される囚人のジレンマを成分ゲームとする繰り返しゲームについて，以下を読み，それぞれの正誤を答えなさい。

		プレイヤー 2	
		C	D
プレイヤー 1	C	3, 3	−1, 8
	D	8, −1	1, 1

(1) 成分ゲームのナッシュ均衡点を毎回プレイする行動戦略の組は，割引因子の値にかかわらず，無限回繰り返しゲームのナッシュ均衡点である。

(2) 割引因子の値が十分 1 に近い（大きい）とき，毎回 (C, C) がプレイされるような無限回繰り返し囚人のジレンマのナッシュ均衡点が存在する。

(3) 繰り返す回数が有限であっても，その回数が十分多ければ，成分ゲームのナッシュ均衡点を毎回プレイする行動戦略の組以外にも繰り返しゲームの部分ゲーム完全均衡点が存在する。

(4) 成分ゲームのナッシュ均衡点を毎回プレイする行動戦略の組は，割引因

子の値にかかわらず無限回繰り返しゲームの部分ゲーム完全均衡点である。

問題 4.5 [贈り物ゲーム]

次の利得行列で表される贈り物ゲームを無限回繰り返しプレイすることを考える。

		プレイヤー 2	
		贈る (C)	贈らない (D)
プレイヤー 1	贈る (C)	8, 8	4, 10
	贈らない (D)	10, 4	5, 5

この繰り返しゲームにおいて，次のような「お返し戦略」を考える。1回目は贈り物を贈るが，2回目以降は，前の回に相手が贈り物をくれていれば自分も贈り物を返すが，贈り物をくれていなければ自分も贈らない。

(1) どちらのプレイヤーも「お返し戦略」をプレイするとき，各プレイヤーの割引総利得を求めなさい。

(2) プレイヤー2が1回目からお返し戦略をしているとする。プレイヤー1が1回目はD，2回目はCをプレイし，3回目以降は「お返し戦略」に従ってプレイするとき，プレイヤー1の割引総利得を求めなさい。

(3) プレイヤー2が1回目からお返し戦略をしているとする。プレイヤー1が1回目と2回目はD，3回目はCをプレイし，4回目以降は「お返し戦略」に従ってプレイするとき，プレイヤー1の割引総利得を求めなさい。

(4) お返し戦略の組が繰り返しゲームのナッシュ均衡点となるような割引因子 δ の範囲を求めなさい。

問題 4.6 [ミニマックス利得]

次の利得行列で表される戦略形ゲームを成分ゲームとする無限回繰り返しゲームを考える。

		プレイヤー 2	
		L	R
プレイヤー 1	T	3, 3	1, 5
	B	0, 1	0, 1

(1) 成分ゲームのナッシュ均衡点を求めなさい。

(2) 成分ゲームにおける，各プレイヤーのミニマックス利得を純戦略の範囲で求めなさい。

(3) 十分大きな割引因子 δ のもとで，繰り返しゲームのナッシュ均衡点の割引平均利得ベクトルが $(3, 3)$ となるようなトリガー戦略の組を答えなさい。

第5章

不確実な相手とのゲーム

●ねらい
この章では，プレイヤーが他のプレイヤーのタイプ（性質や好みなど）や行動について不確実であるような「情報不完備ゲーム」を，いくつかの例を通じて学ぶ。さらに，情報不完備ゲームのベイジアン均衡点，完全ベイジアン均衡点といった均衡概念を理解し，導出できるようになる。

1　要点整理

情報不完備ゲーム：プレイヤーがゲームのルール（戦略の集合や利得）について不完全な情報しか持たないゲームのこと。ここで，特定の個人しか知らない情報を**私的情報**という。情報不完備ゲームでは，一般に，私的情報をプレイヤーの**タイプ**として表現する。プレイする前にタイプについてプレイヤーが持つ予想（確率分布）を**事前予想**という。私的情報ではなく全員が知っている情報を**公的情報**という。私的情報が存在するゲームを**非対称情報ゲーム**という。

ベイジアン・ゲーム：プレイヤーのタイプが，事前予想を確率分布としてランダムに定まる不完全情報ゲームのこと。プレイヤーのタイプは，ゲームの最初に偶然手番（chance move）によって確率的に定まる。このように情報不完備ゲームを不完全情報ゲームで表現することを**ハーサニ変換**という。また，ベイジアン・ゲームのナッシュ均衡点を**ベイジアン均衡点**という（不完全情報ゲームについては，第3章の要点整理70頁を参照）。

プレイヤーの信念と整合性：展開形ゲームにおいて，相手プレイヤーが選択した行動を知った後に形成する，相手のタイプについての事後予想を**信念**と

いう。プレイヤーの戦略の組に対して，プレイヤーの信念が戦略と**整合的**であるとは，戦略のプレイによって到達可能な情報集合における事後予想が，ベイズの公式による条件付き確率と等しくなる場合をいう。到達されない情報集合で，どのような事後予想を整合的であるとするかは，用いられる均衡概念によって異なる。

完全ベイジアン均衡点：ベイジアン・ゲームのすべての情報集合において，次の2つの条件が成り立つようなプレイヤーの行動戦略と信念の組のこと。

 (1) プレイヤーの信念は戦略と整合的である。

 (2) プレイヤーの戦略は，信念のもとで他のプレイヤーの戦略に対して最適応答である。

　完全ベイジアン均衡点は，プレイヤーの持つ信念を明示して，信念と均衡点における戦略が整合的であることを要請している。これが，ベイジアン均衡点（あるいはナッシュ均衡点，および部分ゲーム完全均衡点）と異なる点である。なお，完全ベイジアン均衡点では，均衡プレイで到達されない情報集合においては，どんな信念も整合的であるとする。

分離均衡と一括均衡：プレイヤーの選択する行動によって，私的情報であったプレイヤーのタイプが相手プレイヤーにわかるようなベイジアン均衡点を**分離均衡**という。一方，行動からプレイヤーのタイプが相手にわからないような均衡点を**一括均衡**という。

逆選択：プレイヤーのタイプについての情報の非対称性によって生じる非効率性の問題。中古車市場において，車の品質が購入者にはわからないために，低品質の車（レモン）しか取引されなくなる現象が典型例である。

モラル・ハザード：プレイヤーの行動についての情報の非対称性によって生じる非効率性の問題。経営者が労働者の成果のみを観測できて，努力水準を観測できないことによって，労働者が低い努力水準を選択するという状況が典型例である。

2 理解度チェック

チェック 5.1 [ベイジアン・ゲーム]

以下を読み,空欄にあてはまる適切な語句を答えなさい。

情報不完備ゲームを「タイプ」の概念を用いて不完全情報ゲームに変換したものを $\boxed{1}$ という。$\boxed{1}$ のナッシュ均衡点を $\boxed{2}$ という。$\boxed{1}$ の各情報集合におけるプレイヤーのタイプについての事後予想を $\boxed{3}$ という。$\boxed{1}$ において,$\boxed{3}$ と戦略との整合性を要請する均衡概念を $\boxed{4}$ という。

■解答: $\boxed{1}$ ベイジアン・ゲーム, $\boxed{2}$ ベイジアン均衡点, $\boxed{3}$ 信念, $\boxed{4}$ 完全ベイジアン均衡点

チェック 5.2 [ベイジアン均衡点] ⇒演習 5.1

次の2つの利得行列で表される情報不完備ゲームを考える。以下を読み,空欄にあてはまる数値,語句を答えなさい。

G_A:

プレイヤー1 \ プレイヤー2	L	R
U	1, 1	1, 0
D	0, 0	0, 1

G_B:

プレイヤー1 \ プレイヤー2	L	R
U	0, 1	0, 0
D	1, 0	1, 1

プレイヤー1は G_A, G_B のどちらのゲームがプレイされているかを知っており,G_A だと知っているときはAタイプ,G_B だと知っているときはBタイプとする。プレイヤー2はどちらのゲームがプレイされるかは知らず,G_A, G_B がプレイされる確率はそれぞれ75%,25%であると予想している。

プレイヤー1がAタイプのとき,戦略 $\boxed{1}$ がプレイヤー1の支配戦略である。Bタイプのときは,戦略 $\boxed{2}$ がプレイヤー1の支配戦略である。

プレイヤー2はどちらのゲームがプレイされるかわからないが,プレ

イヤー1がAタイプなら戦略 $\boxed{1}$ を，Bタイプなら戦略 $\boxed{2}$ を選択すると予想できる。この予想のもとで，プレイヤー2が戦略Lを選んだときの期待利得は $\boxed{3}$ ，戦略Rを選んだときの期待利得は $\boxed{4}$ であるから，プレイヤー2は戦略 $\boxed{5}$ を選択することが最適である。

このゲームのベイジアン均衡点は，Aタイプのプレイヤー1が戦略 $\boxed{6}$ ，Bタイプが戦略 $\boxed{7}$ ，プレイヤー2が戦略 $\boxed{8}$ という戦略の組である。

■解答： $\boxed{1}$ U， $\boxed{2}$ D， $\boxed{3}$ 0.75， $\boxed{4}$ 0.25， $\boxed{5}$ L， $\boxed{6}$ U， $\boxed{7}$ D， $\boxed{8}$ L

チェック 5.3 [事後予想（信念）] ⇒演習 5.2

転校生のA君が「秀才」タイプか「凡才」タイプかはまだ周囲には知られていない。そこで，あなたは授業中の先生の「この問題がわかる人は手を挙げて」という問いかけに対して，A君がどう反応するかで推測を試みる。当初，あなたはA君が「秀才」タイプである確率は60%であると予想している。

(1)「秀才」タイプは必ず挙手するが，「凡才」タイプは常に挙手しないとき，挙手したA君が「秀才」タイプである条件付き確率（信念）はいくらか。

(2)「秀才」タイプは確率80%で挙手するが，「凡才」タイプは確率20%で挙手するとき，挙手したA君が「秀才」タイプである条件付き確率（信念）はいくらか。

■解答： (1) 100%， (2) ベイズの公式より， $\dfrac{0.8 \times 0.6}{0.8 \times 0.6 + 0.2 \times 0.4} = \dfrac{6}{7}$

チェック 5.4 [シグナリング・ゲーム] ⇒演習 5.6

図5.1のゲームの木はシグナリング・ゲームと呼ばれるゲームの展開形表現である。次の文章を読み，以下の問いに答えなさい。

就職活動を控えた学生と，新卒採用計画を進めている企業とを考える。学生には，「能力の高い（H）」タイプと「能力の低い（L）」タイプがいる。企業は学生のタイプがわからず，Hタイプである確率は25%であると事前に予想している。

学生は，ある資格を「取得する」か「取得しない」かを選択する。この

資格を取得するには，コストがかかる。そのコストは H タイプは（利得単位で）1 であるが，L タイプは（利得単位で）3 である。企業は，学生が資格を取得しているかどうかを見て，その学生を「採用する」か「採用しない」かを決める。

学生は，資格の有無やタイプに関係なく，採用されると 2 の利得を得るが，採用されないと 0 である。企業は，資格の有無に関係なく，H タイプを採用すると 1 の利得を得るが，L タイプを採用してしまうと 1 の利得を失う。また，誰も採用しないなら利得は 0 である。

図 5.1

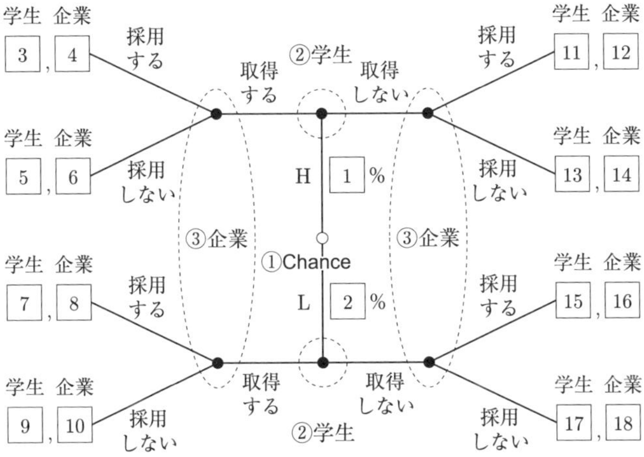

(1) 図 5.1 の 1 から 18 までの空欄にあてはまる利得を答えなさい。
(2) 以下を読み，空欄にあてはまる適切な数値，語句を答えなさい。

次の戦略と信念の組合せが完全ベイジアン均衡点であることを確かめよう。

[学生の戦略] H タイプ：「取得する」，L タイプ：「取得しない」
[企業の戦略] 左の情報集合：「採用する」，右の情報集合：「採用しない」
[企業の信念] 左の情報集合：「確率 1 で H タイプ」，右の情報集合：「確率 1 で L タイプ」

H タイプの学生の戦略は「取得する」，L タイプの学生の戦略は「取得しない」とする。このとき，企業の H タイプの学生に関する信念は，左の情報集合においては確率 19 で H タイプ，右の情報集合では確

率 $\boxed{20}$ でHタイプである。この信念を所与とすると，企業は左の情報集合では $\boxed{21}$ を選ぶべきである。また，右の情報集合では $\boxed{22}$ を選ぶべきである。企業の戦略が，左の情報集合では $\boxed{21}$ を選び，右の情報集合では $\boxed{22}$ であるとき，Hタイプの学生は $\boxed{23}$ を選ぶべきである。Lタイプの学生は $\boxed{24}$ を選ぶべきである。この均衡は，分離均衡である。

■解答： $\boxed{1}$ 25， $\boxed{2}$ 75， $\boxed{3}$ 1， $\boxed{4}$ 1， $\boxed{5}$ −1， $\boxed{6}$ 0， $\boxed{7}$ −1， $\boxed{8}$ −1， $\boxed{9}$ −3， $\boxed{10}$ 0， $\boxed{11}$ 2， $\boxed{12}$ 1， $\boxed{13}$ 0， $\boxed{14}$ 0， $\boxed{15}$ 2， $\boxed{16}$ −1， $\boxed{17}$ 0， $\boxed{18}$ 0， $\boxed{19}$ 1， $\boxed{20}$ 0， $\boxed{21}$ 採用する， $\boxed{22}$ 採用しない， $\boxed{23}$ 取得する， $\boxed{24}$ 取得しない

チェック5.5［非対称情報］

以下の事例のうち，「逆選択」に該当する場合はAを，「モラル・ハザード」の場合はBを，いずれにも該当しない場合はCを選びなさい。

(1) 店長がいないので，アルバイトの店員があまり働かない。
(2) 一部の住宅の品質には不安があるので，住宅の購入をやめた。
(3) 天気が怪しかったので傘を購入したが，結局雨は降らなかったので無駄になった。
(4) 代理店に広告宣伝を委託しようとしたが，代理店の製作能力がはっきりわからないので，対費用効果を考えて委託しなかった。
(5) 代理店に広告宣伝を委託しようとしたが，代理店が熱心に宣伝活動を行うか怪しいので，対費用効果を考えて委託しなかった。

■解答： (1) B， (2) A， (3) C， (4) A， (5) B

チェック5.6［逆 選 択］

以下の文章は，中古車取引における逆選択に関するものである。以下を読み，空欄にあてはまる数値を答えなさい。ただし，買い手はリスク中立的であるとする。

中古車は全部で100台あり，そのうち20台が事故車であることがわかっている。買い手は事故車であるかどうかを判別できない（売り手はでき

る）．買い手の正常車の評価額は100万円であるが，事故車は10万円である．売り手の正常車の評価額は90万円，事故車は5万円である．

　買い手が事故車である確率が20%であると予想しているとき，買い手の中古車に対する期待評価額は $\boxed{1}$ 万円である．買い手が中古車を購入するのは価格が $\boxed{1}$ 万円以下のときである．この価格で売りに出されるのは，正常車は $\boxed{2}$ 台で，事故車は $\boxed{3}$ 台である．よって， $\boxed{1}$ 万円以下の価格で売り出される中古車が事故車である確率は $\boxed{4}$ %であると予想する．この予想のもとで，買い手の中古車に対する期待評価額は $\boxed{5}$ 万円である．価格が $\boxed{5}$ 万円のとき，売りに出される中古車は，正常車が $\boxed{6}$ 台で，事故車が $\boxed{7}$ 台である．

■解答： $\boxed{1}$ 82, $\boxed{2}$ 0, $\boxed{3}$ 20, $\boxed{4}$ 100, $\boxed{5}$ 10, $\boxed{6}$ 0, $\boxed{7}$ 20

3 演習問題

演習 5.1 [ベイジアン均衡点*]

　ある町に全国チェーン店「Ｐコーヒー」が新店舗を開店して参入することを計画している。この町では，以前よりコーヒー専門店「カフェＳ」が営業している。Ｐの参入に対して，ＳはＰと「協調」するか，もしくは価格の引き下げを行って「対立」するかを決める。

　Ｐの新店舗に対して，この町でどれぐらいの需要があるかは不確実である。標準的な需要の場合の利得行列は G_A であるが，Ｐに対する需要が高い場合の利得行列は G_B である。

		S 協調	S 対立
P	参入する	1, 1	−1, −1
P	参入しない	0, 2	0, 2

G_A

		S 協調	S 対立
P	参入する	2, 0	1, 1
P	参入しない	0, 2	0, 2

G_B

　Ｐは市場調査を行ったので，どちらの利得行列であるかを知っており，G_A だと知っているときはＡタイプ，G_B だと知っているときはＢタイプとする。一方，Ｓはどちらの利得行列であるかはわからず，G_A, G_B である確率はどちらも 50％ であると予想している。このゲームの純戦略ベイジアン均衡点を求めなさい。

■ヒント： 以下の手順に従って考えるとよい。
　ステップ１：各タイプのＰの最適応答を調べる。
　ステップ２：Ｐの戦略を所与として，Ｓの戦略ごとの期待利得を計算し，最適応答を調べる。
　ステップ３：ナッシュ均衡点の性質を満たす戦略の組を求める。

■解答： Ｐの戦略を，各タイプの行動を並べて，次のように表記する。

(Ａタイプの行動，Ｂタイプの行動)

ステップ1：各タイプの P の最適応答を調べる。

A タイプにとって，S が「協調」のときは「参入する」，「対立」のときは「参入しない」を選ぶのが最適である。

B タイプにとって，S の戦略がどちらであっても，「参入する」を選ぶのが最適である。つまり B タイプにとって「参入しない」は支配される戦略なので削除して考えてよい。

ステップ2：S の最適応答を調べる。

(I) P の戦略が(参入しない，参入する)のとき，「協調」の期待利得は，

$$0.5 \times 2 + 0.5 \times 0 = 1$$

	協調	対立
参入する	1, 1	−1, −1
参入しない	0, **2**	0, 2

G_A

	協調	対立
参入する	2, **0**	1, 1
参入しない	0, 2	0, 2

G_B

「対立」の期待利得は，

$$0.5 \times 2 + 0.5 \times 1 = 1.5$$

	協調	対立
参入する	1, 1	−1, −1
参入しない	0, 2	0, **2**

G_A

	協調	対立
参入する	2, 0	1, **1**
参入しない	0, 2	0, 2

G_B

であるから，「対立」を選ぶのが最適である。

(II) P の戦略が(参入する，参入する)のとき，「協調」の期待利得は，

$$0.5 \times 1 + 0.5 \times 0 = 0.5$$

	協調	対立
参入する	1, **1**	−1, −1
参入しない	0, 2	0, 2

G_A

	協調	対立
参入する	2, **0**	1, 1
参入しない	0, 2	0, 2

G_B

「対立」の期待利得は，

$$0.5 \times (-1) + 0.5 \times 1 = 0$$

	協調	対立
参入する	1, 1	−1, −1
参入しない	0, 2	0, 2

G_A

	協調	対立
参入する	2, 0	1, 1
参入しない	0, 2	0, 2

G_B

であるから，「協調」を選ぶのが最適である。

ステップ3：ナッシュ均衡点の性質を満たす戦略の組を求める。

(I) ステップ1より，Sの戦略が「対立」のとき，Pの最適応答は(参入しない，参入する)である。ステップ2より，Pが(参入しない，参入する)のとき，Sの最適応答は「対立」である。したがって，(参入しない，参入する)と「対立」の組はナッシュ均衡点の性質を満たす。

(II) ステップ1より，Sの戦略が「協調」のとき，Pの最適応答は(参入する，参入する)である。ステップ2より，Pが(参入する，参入する)のとき，Sの最適応答は「協調」である。したがって，(参入する，参入する)と「協調」の組はナッシュ均衡点の性質を満たす。

	均衡点(I)	均衡点(II)
AタイプのP	参入しない	参入する
BタイプのP	参入する	参入する
S	対立	協調

(答)

■**コメント：** 均衡点(I)では，異なるタイプのPは異なる行動を選択している。このような均衡を**分離均衡**という。一方，均衡点(II)では，異なるタイプも同じ行動を選択している。このような均衡を**一括均衡**という。

演習 5.2 [整合的な信念*]

以下のゲームの木は,演習 5.1 のゲームの展開形表現である。

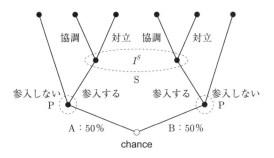

各タイプの P が「参入する」を選ぶ確率をそれぞれ q_A, q_B として,P の戦略を (q_A, q_B) で表す(たとえば,$(q_A, q_B) = (1, 0)$ は,「A タイプは参入する,B タイプは参入しない」という戦略を表す)。

(1) P の戦略が $(q_A, q_B) = (1, 0)$ のとき,I^S における S の整合的な信念を求めなさい。

(2) P の戦略が $(q_A, q_B) = (1, 1)$ のとき,I^S における S の整合的な信念を求めなさい。

(3) P の戦略が $(q_A, q_B) = (0.4, 0.6)$ のとき,I^S における S の整合的な信念を求めなさい。

(4) P の戦略が $(q_A, q_B) = (0, 0)$ のとき,I^S における S の整合的な信念を求めなさい。

■ヒント: P の戦略を所与として,P のタイプに関する S の事後予想(信念)をベイズの公式を用いて求める(第 1 章の要点整理 3 頁参照)。情報集合 I^S に到達するという条件のもとで,P が A タイプである確率を r とすると,

$$r = \frac{(\text{A タイプが参入する確率})}{(I^S \text{ に到達する確率})}$$

である。また,I^S に到達する確率は,

$$(A \text{ タイプが参入する確率}) + (B \text{ タイプが参入する確率})$$

である。

■解答: I^S において,P が A タイプである確率(信念)を r とすると,ベイズの公式より,

$$r = \frac{0.5q_A}{0.5q_A + 0.5q_B}$$

である（ただし $(q_A, q_B) \neq (0,0)$ とする）．

(1) $(q_A, q_B) = (1, 0)$ であるとき，I^S に到達する確率は $0.5 \times 1 + 0.5 \times 0 = 0.5$ である．ベイズの公式より，

$$r = \frac{0.5 \times 1}{0.5} = 1$$

である．

> Aタイプである確率：100％，　Bタイプである確率：0％　（答）

(2) $(q_A, q_B) = (1, 1)$ であるとき，I^S に到達する確率は $0.5 \times 1 + 0.5 \times 1 = 1$ である．ベイズの公式より，

$$r = \frac{0.5 \times 1}{1} = 0.5$$

である．

> Aタイプである確率：50％，　Bタイプである確率：50％　（答）

(3) $(q_A, q_B) = (0.4, 0.6)$ であるとき，I^S に到達する確率は $0.5 \times 0.4 + 0.5 \times 0.6 = 0.5$ である．ベイズの公式より，

$$r = \frac{0.5 \times 0.4}{0.5} = 0.4$$

である．

> Aタイプである確率：40％，　Bタイプである確率：60％　（答）

(4) $(q_A, q_B) = (0, 0)$ であるとき，I^S に到達する確率は 0 である．したがって，どんな信念も整合的である．すなわち，情報集合 I^S における P が A タイプである確率を 1 としても，0.5 としても，0 としても整合的な信念となる．

> Aタイプである確率は0～100％のいずれでもよい　（答）

演習 5.3 [完全ベイジアン均衡点*]

以下のゲームの木は，演習 5.1 のゲームの展開形表現である。このゲームの純戦略完全ベイジアン均衡点を求めなさい。

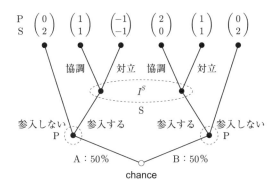

■ヒント： 以下の手順に従って考えるとよい。
ステップ 1: P の戦略を任意に与える。
ステップ 2: ステップ 1 の戦略と整合的な S の信念を計算する。
ステップ 3: ステップ 2 で求めた信念のもとでの，S の最適応答戦略を求める。
ステップ 4: ステップ 1 で定めた戦略が，ステップ 3 で求めた S の戦略に対する最適応答であるかを調べる。
このプロセスを P の戦略（ステップ 1）を変えて繰り返す。

■解答： P の戦略を，各タイプの戦略を並べて，

(A タイプの戦略, B タイプの戦略)

のように表記する。情報集合 I^S において，P が A タイプである条件付き確率（信念）を r で表す。

まず，B タイプの P にとって，「参入しない」は「参入する」に支配されるので，削除して考えてよい。そのため，P の戦略として，

(参入しない, 参入する), (参入する, 参入する)

のみを考える。

(I) P の戦略が (参入しない, 参入する) であるとする（ステップ 1）。この戦

略に対するSの整合的な信念は $r=0$ である（ステップ2）。$r=0$ のとき，Sが「協調」を選んだときの利得は0で，「対立」を選んだときの利得は1であるから，「対立」を選ぶのが最適である（ステップ3）。ゲームの木を見るとわかるように，Sの戦略が「対立」であるとき，Aタイプは「参入しない」，Bタイプは「参入する」を選ぶことが最適である（ステップ4）。

(II) Pの戦略が(参入する，参入する)であるとする（ステップ1）。Sの整合的な信念はベイズの公式より，

$$r = \frac{0.5 \times 1}{0.5 \times 1 + 0.5 \times 1} = 0.5$$

である（ステップ2）。$r=0.5$ のとき，「協調」の期待利得は，

$$0.5 \times 1 + 0.5 \times 0 = 0.5$$

である。「対立」の期待利得は，

$$0.5 \times (-1) + 0.5 \times 1 = 0$$

である。よって，「協調」を選ぶのが最適である（ステップ3）。ゲームの木を見るとわかるように，Sの戦略が「協調」であるとき，どちらのタイプのPも「参入する」を選ぶことが最適である（ステップ4）。

以上より，このゲームの純戦略完全ベイジアン均衡点は次の2つである。

	均衡点(I)	均衡点(II)
AタイプのPの戦略	参入しない	参入する
BタイプのPの戦略	参入する	参入する
Sの戦略	対立	協調
Sの信念	$r=1$	$r=0.5$

（答）

演習 5.4 [モラル・ハザード*]

花子さんの経営する会社の収益は，契約社員の太郎さんの努力水準に依存する．太郎さんが努力しなければ，確実に 50 万円の収益しかないが，太郎さんが努力すれば，80% の確率で収益を 100 万円にすることができる（確率 20% で 50 万円のまま）．太郎さんの努力することのコストは，金銭で測ると 5 万円である．太郎さんは他の会社で働けば，努力することなく確実に 16 万円を得られる．花子さんは太郎さんの努力水準を観測できないので，適切な給与体系を設定することで太郎さんの努力を引き出すことを考えている．基本給を w 万円として，会社の収益が 100 万円になれば，ボーナスとして b 万円を支払う．花子さんも太郎さんもリスク中立的であるとする．

(1) 太郎さんが自発的に努力するような w, b の条件を求めなさい．
(2) 太郎さんがこの賃金契約を受け入れるような w, b の条件を求めなさい．
(3) 花子さんの得ることができる期待利得の最大値を求めなさい．

■**ヒント**: (1) 太郎さんが努力したときの期待利得が，努力しないときの期待利得以上となる基本給とボーナスの水準であればよい．
(2) 太郎さんが努力したときの期待利得が，太郎さんが他の会社で働いたときの期待利得以上となる基本給とボーナスの水準であればよい．
(3) 花子さんの期待利得が最大となるのは，太郎さんへの期待支払額が最小となるときである．

■解答: (1) 太郎さんが努力するときに得られる期待利得は,

$$0.8(w+b) + 0.2w - 5 = w + 0.8b - 5$$

であり,努力しないときの期待利得は w である。太郎さんが自発的に努力することを選択するのは,

$$w + 0.8b - 5 \geqq w$$

すなわち,

$$b \geqq 6.25 \tag{5.1}$$

である。

$$\boxed{b \geqq 6.25 \quad (答)}$$

(2) 太郎さんがこの契約を受け入れたときの期待利得は $(w+0.8b-5)$ 万円であるが,受け入れずに他の会社で働けば 16 万円得ることができる。したがって,太郎さんがこの契約を受け入れるのは,

$$w + 0.8b - 5 \geqq 16$$

すなわち,

$$w + 0.8b \geqq 21 \tag{5.2}$$

である。

$$\boxed{w + 0.8b \geqq 21 \quad (答)}$$

(3) (5.1) 式が満たされるとき,花子さんの期待利得は,

$$0.8 \times (100 - (w+b)) + 0.2 \times (50 - w) = 90 - (w + 0.8b)$$

である。この値が最大になるのは $w+0.8b$ が最小になるとき,すなわち (5.2) 式が等式で満たされるときである。したがって,花子さんの期待利得の最大値は,

$$90 - 21 = 69$$

図 5.2

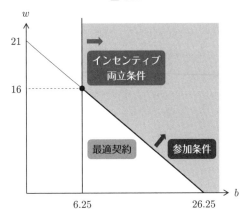

である。

69万円　（答）

■コメント：　本問において，太郎さんに自発的な努力を促すための条件 (5.1) 式を**インセンティブ両立条件**といい，太郎さんに契約への参加を促すための条件 (5.2) 式を**参加条件**という。インセンティブ両立条件（(5.1) 式）と参加条件（(5.2) 式）を満たす基本給 w とボーナス b の領域は**図 5.2** のグレー部分で表される。その中で，花子さんの期待利得を最大にする w と b の組合せは，太線部で表される。たとえば，基本給を 16 万円，ボーナスを 6 万 2500 円と設定すれば（$w=16$, $b=6.25$），インセンティブ両立条件と参加条件を等式で満たすことができる。

演習 5.5 [逆 選 択*]

中古車の売買市場で，品質の良い車（ピーチ）と悪い車（レモン）があり，品質は車の売り手しか知らない。ピーチの売り手をPタイプ，レモンの売り手をLタイプとする。買い手は，売り手がPタイプである確率が75%で，Lタイプである確率は25%であると（事前に）予想している。中古車に対する売り手および買い手の評価額は次の表で与えられている。

	ピーチ	レモン
売り手	90万円	0円
買い手	100万円	20万円

取引は次の手順で行われる。まず，売り手が中古車を売りに出すか否かを決める。売りに出されなかった場合，取引は行われず，売り手と買い手の利得はともに0である。次に，売りに出された中古車に対して，買い手が取引価格を設定して取引が行われ，そのときの売り手および買い手の利得はともに評価額と価格との差額（余剰）となる。買い手が提示する価格は，買い手の評価額の期待値である80万円か，低い価格10万円のいずれかであるとする。

(1) 買い手の提示価格が80万円であるとき，各タイプの売り手の最適応答を求めなさい。
(2) 買い手の提示価格が10万円であるとき，各タイプの売り手の最適応答を求めなさい。
(3) このゲームの完全ベイジアン均衡点を求めなさい。

■ヒント： (1), (2) 買い手の提示価格が p 円であるとき，売り手が売りに出したときの利得は，Pタイプが $p-90$ 万，Lタイプが p である。一方，売りに出さなかった場合の利得は0である。
(3) 売りに出される中古車はどちらのタイプであるだろうか。また，そのとき，買い手はいくらの価格を提示すべきだろうか。

■解答： (1) 売り手が売りに出したときの利得は，Pタイプが $80-90=-10$ 万，Lタイプが80万である。売りに出さなかったときの利得は0である。

> Pタイプ：売りに出さない，　Lタイプ：売りに出す　（答）

(2) 売り手が売りに出したときの利得は，Pタイプが $10-90=-80$ 万，Lタイプが10万である。売りに出さなかったときの利得は0である。

> Pタイプ：売りに出さない，　Lタイプ：売りに出す　（答）

(3) (1), (2)より，Pタイプにとって「売りに出さない」は支配戦略であり，Lタイプにとって「売りに出す」は支配戦略である。

売り手の戦略が，Pタイプが「売りに出さない」，Lタイプが「売りに出す」であるとする。この戦略と整合的な買い手の信念は，

> 「売りに出された中古車は100％レモンである」

である。この信念のもとで，買い手の最適な戦略は価格10万円を提示することである。

以上より，このゲームの完全ベイジアン均衡点は次のような戦略と信念の組である。

> 売り手の戦略　Pタイプ：売りに出さない
> 　　　　　　　Lタイプ：売りに出す
> 買い手の戦略：価格10万円を提示
> 買い手の信念：売りに出された車は100％レモン　　（答）

■コメント： もし買い手が中古車の品質を判別できるなら，すべての車が取引され，効率的な結果が実現する（たとえば，ピーチの価格が95万円，レモンの価格が10万円であればよい）。しかし，上で見たように，買い手は品質を判別できないときには，中古車を平均的に評価することになる。ただし，そのような評価では，品質の良い車の所有者は車を供給しない。そして，質の悪い車のみが市場に供給されて取引されるという非効率的な結果が発生することになる。このように，取引当事者間の情報の非対称性は，効率的な取引を妨げる可能性がある。

　上記の現象は**逆選択**といわれ，ノーベル経済学賞を受賞したジョージ・アカロフが1970年の論文で示したアイディアに対応している。皮が厚く，中身が腐っているかどうかが買うときにはわからないレモンになぞらえて，質の悪い中古車は「レモン」と呼ばれ，中古車市場は**レモン市場**と呼ばれる。

演習 5.6 [シグナリング・ゲーム*]

就職活動を控えている学生と新卒採用計画を進めている企業を考える。学生は「能力の高い (H)」タイプと「能力の低い (L)」タイプがいる。企業は学生のタイプがわからず，H タイプである確率は 50% であると事前に予想している。学生は，ある資格を「取得する」か「取得しない」を選択する。学生が資格を取得しているかどうかを見て，企業がその学生を「採用する」か「採用しない」かを決める。この状況を次のゲームの木で表す。I_1, I_2 において，「学生が H タイプである」条件付き確率（信念）をそれぞれ r_1, r_2 とする。

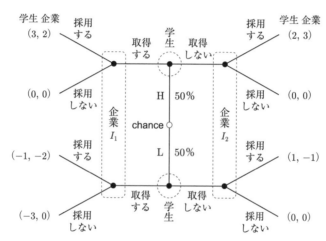

(1) 学生の戦略が，Hタイプが「取得する」，Lタイプが「取得しない」であるとする．この戦略と整合的な信念のもとで，企業の最適な戦略を答えなさい．

(2) 分離均衡に対応する完全ベイジアン均衡点を求めなさい．

(3) 学生の戦略がどちらのタイプも「取得しない」であるとする．この戦略と整合的な信念 r_2 を求めなさい．さらに，その信念のもとでの I_2 における企業の最適な行動を答えなさい．

(4) 学生の戦略がどちらのタイプも「取得しない」であるとする．I_1 において，企業の最適な行動が「採用しない」となるような r_1 の範囲を求めなさい．

(5) どちらの学生も資格を取得しないような完全ベイジアン均衡点を求めなさい．

■ヒント： (1) 学生の行動から，企業は資格を持つ学生はHタイプ，資格を持たない学生はLタイプであるとわかる．
(2) 演習 5.3 のヒント（145 頁）で示した手順に従って考えるとよい．
(3) 資格を持たない学生がHタイプである確率は 50% である．
(4) 企業が「採用する」を選んだときの期待利得が，「採用しない」ときの利得を上回らないような r_1 の範囲を求める．Hタイプである確率はある程度低くなければならない．
(5) (3), (4) を参考にして一括均衡を求める．

■解答： (1) I_1 における整合的な信念は $r_1 = 1$ である．この信念のもとで，企業が「採用する」を選んだときの利得は 2，「採用しない」を選んだときの利得は 0 であるから，「採用する」を選ぶのが最適である．

I_2 における整合的な信念は $r_2 = 0$ である．この信念のもとで，企業が「採用する」を選んだときの利得は -1，「採用しない」を選んだときの利得は 0 であるから，「採用しない」を選ぶのが最適である．

資格を持つ学生のみを採用する　（答）

(2) 学生の戦略が，Hタイプは「取得する」，Lタイプは「取得しない」であるとする（ステップ 1）．(1) より，この戦略と整合的な信念は，$r_1 = 1$ かつ r_2

$= 0$ であり（ステップ 2），この信念のもとで，企業の最適応答は，I_1 では「採用する」，I_2 では「採用しない」である（ステップ 3）。企業のこの戦略に対して，Hタイプは「取得する」，Lタイプは「取得しない」が最適応答である（ステップ 4）。したがって，次の戦略と信念の組は完全ベイジアン均衡点である。

> 学生の戦略　Hタイプ：資格を取得する
> 　　　　　　Lタイプ：資格を取得しない
> 企業の戦略：資格を持つ学生のみを採用する
> 企業の信念：$r_1 = 1$, $r_2 = 0$　　　　　　　　（答）

(3) I_2 における整合的な信念は $r_2 = 0.5$ である。この信念のもとで，企業が「採用する」を選んだときの期待利得は，

$$0.5 \times 3 + 0.5 \times (-1) = 1$$

であり，「採用しない」を選んだときの利得は 0 であるから，「採用する」を選ぶのが最適である。

$$r_2 = 0.5, \text{採用する} \quad (答)$$

(4) I_1 は到達されないので，どんな信念も整合的である。「採用する」を選んだときの期待利得は，

$$r_1 \times 2 + (1 - r_1) \times (-2) = 4r_1 - 2$$

であり，「採用しない」を選んだときの利得は 0 であるから，$4r_1 - 2 \leqq 0$，すなわち $r_1 \leqq 0.5$ であるとき，「採用しない」を選ぶことが最適である。

$$r_1 \leqq 0.5 \quad (答)$$

(5) どちらのタイプの学生の戦略も「取得しない」であるとする（ステップ 1）。(3) より，I_2 において，この戦略と整合的な信念は $r_2 = 0.5$ であり（ステップ 2），この信念のもとで，I_2 では「採用する」ことが最適である（ステップ 3）。一方，(4) より，I_1 における信念は任意であるから，$r_1 \leqq 0.5$ であるとすると（ステップ 2），企業にとって最適な行動は「採用しない」である（ステップ 3）。企業の戦略が，I_1 で「採用しない」，I_2 で「採用する」であるとき，ど

のタイプの学生も「取得しない」を選ぶことが最適応答である(ステップ4)。したがって,次の戦略と信念の組は完全ベイジアン均衡点である。

> 学生の戦略　Hタイプ:資格を取得しない
> 　　　　　　Lタイプ:資格を取得しない
> 企業の戦略:資格を持たない学生のみを採用する
> 企業の信念:$r_1 \leq 0.5$, $r_2 = 0.5$
> 　　　　　　　　　　　　　　　　　　　　(答)

■コメント: このシグナリング・ゲームの利得は次のように解釈できる。
 (i) 企業は,Hタイプの学生は採用したいが,Lタイプは採用したくない。
 (ii) Hタイプの学生は,資格を取得することにまったくコストがかからないが,Lタイプの学生には,資格取得にコストが伴う。
 (iii) 企業は資格を取得した学生に対して,より高い賃金を支払う。

　このゲームのプレイとして,(2)の分離均衡は自然と思われるが,(5)の一括均衡は奇妙な状況である。この均衡では,Hタイプの学生は資格を取得せず,企業は資格のある学生を採用しない。なぜ,このような状況が均衡となるのであろうか。問題は均衡プレイでは到達されない情報集合における信念にある。一括均衡において I_1 は到達されないので,そこではいかなる信念も整合的である。すなわち,「資格を取得する学生がHタイプである可能性は低い」と予想しても,何ら不整合はない。しかし,このような信念は以下の理由で「不合理」であると考えられる。というのも,Hタイプが資格を取得したとして,企業が採用してくれるのであれば,今より高い利得3を得ることができる。一方,Lタイプは資格を取得したところで,得られる利得は負の値であり,均衡で得られる利得1よりも低い。つまり,Lタイプが「取得する」を選ぶ確率は,非常に小さいと予想すべきであろう。一括均衡は,均衡プレイで到達されない信念が上記の意味で「不合理」であるので,排除して考えるべきかもしれない。このように,合理的なプレイヤーによるプレイの結果とは考えにくいような均衡点を排除していくことを,**均衡の精緻化**という。

演習 5.7 [第 2 価格オークション*]

2 人の入札者 1, 2 による，ある商品のオークションを考える．入札者の商品に対する評価額は独立な確率変数で，その値は 0 円から 3 万円の間に一様に分布しているとする（確率変数と一様分布については **Help ❷** を参照）．どちらの入札者も，自分の評価額は知っているが，相手の評価額は知らない．入札者の利得は，商品を落札した場合は評価額から落札価格を差し引いた額とし，落札できなかった場合は 0 とする．

オークションは次の手順で行われる（第 2 価格封印入札）．まず，入札者 1, 2 はそれぞれ入札額 b_1, b_2 を決める．次に，入札者の入札額に応じて，落札者および落札価格は次のように定める．

- $b_1 > b_2$ のとき，落札者は入札者 1 で落札価格は b_2 とする．
- $b_1 < b_2$ のとき，落札者は入札者 2 で落札価格は b_1 とする．
- $b_1 = b_2$ のとき，落札価格は b_1 で，落札者は公平なくじで決める．

(1) どちらの入札者も，自分の評価額をそのまま入札する戦略が弱支配戦略であることを示しなさい．

(2) どちらの入札者も弱支配戦略をプレイするとき，オークション主催者（売り手）の期待収入額を求めなさい．

■ヒント： (1) 入札者 1 の評価額が入札者 2 の入札額を上回る場合，等しい場合，下回る場合の 3 つの場合に分けて，入札者 1 が評価額そのままの金額を入札したときに得られる利得とそれ以外の金額を入札したときに得られる利得を比較しなさい．

(2) どちらの入札者も弱支配戦略をプレイするとき，オークションで勝つのは評価額が高い入札者である．これをふまえて入札者 1 の評価額が x 万円のとき，期待支払額を x の式で表すとどうなるかを考えなさい．このとき，x は区間 $[0, 3]$ 上に一様に分布していて，オークション主催者の期待収入額は，2 人の入札者の期待支払額の合計であることに注意しなさい．

■解答： (1) 入札者 1 の評価額を x，入札者 2 の入札額を b_2 とする．

(i) $b_2 < x$ のとき，$b_1 = x$ と入札すると，入札者 1 が価格 b_2 で商品を落札するので，そのときの利得は $x - b_2 > 0$ である．x よりも高い金額を入札

しても，入札者 1 が価格 b_2 で商品を落札する．x よりも低い金額を入札しても，それが b_2 より高い金額であれば，入札者 1 が価格 b_2 で商品を落札する．b_2 と同額を入札すると，確率 50% で入札者 1 が価格 b_2 で落札する．b_2 よりも低い金額を入札すると，入札者 1 は商品を落札できない．以上をふまえて，入札者 1 の入札額 b_1 と利得との関係は以下の表で与えられる．表より，評価額とは異なる金額を入札しても $x - b_2$ より高い利得を得ることはできない．

入札額 b_1	$b_1 < b_2$	$b_1 = b_2$	$b_2 < b_1 < x$	$\boldsymbol{b_1 = x}$	$b_1 > x$
利得	0	$\frac{x-b_2}{2}$	$x - b_2$	$\boldsymbol{x - b_2}$	$x - b_2$

(ii) $b_2 = x$ のとき，$b_1 = x$ と入札すると，確率 50% で入札者 1 が価格 b_2 で落札するので，期待利得は $\frac{x-b_2}{2} = 0$ である．x より高い金額を入札すると，入札者 1 が価格 b_2 で商品を落札する．x より低い金額を入札すると，入札者 1 は商品を落札できない．以上をふまえて，入札者 1 の入札額 b_1 と利得との関係は以下の表で与えられる．表より，評価額とは異なる金額を入札しても（$b_1 \neq x$），0 より高い利得を得ることはできない．

入札額 b_1	$b_1 < x$	$\boldsymbol{b_1 = x}$	$b_1 > x$
利得	0	$\boldsymbol{\frac{x-b_2}{2} = 0}$	$x - b_2 = 0$

(iii) $b_2 > x$ のとき，$b_1 = x$ と入札すると，入札者 1 は商品を落札できないので，利得は 0 である．b_2 より高い金額を入札すると，入札者 1 が価格 b_2 で商品を落札する．b_2 と同額を入札すると，確率 50% で入札者 1 が価格 b_2 で落札する．b_2 より低い金額を入札すると，入札者 1 は商品を落札できない．以上をふまえて，入札者 1 の入札額 b_1 と利得との関係は以下の表で与えられる．表より，$x - b_2 < 0$ であるから，評価額とは異なる金額を入札しても 0 より高い利得を得ることはできない．

入札額 b_1	$b_1 < x$	$\boldsymbol{b_1 = x}$	$x < b_1 < b_2$	$b_1 = b_2$	$b_1 > b_2$
利得	0	$\boldsymbol{0}$	0	$\frac{x-b_2}{2}$	$x - b_2$

(i), (ii), (iii) のいずれの場合においても，入札者 1 は自分の評価額とは異なる金額を入札しても，評価額をそのまま入札するよりも利得が高くなることはないことがわかる．以上より，$b_1 = x$ が弱支配戦略であることが示された．同様に，入札者 2 にとっても，評価額をそのまま入札する戦略は弱支配戦略で

ある．

(2) 入札者1の評価額が x 万円，入札者2の評価額が y 万円であるとき，入札者1がオークションで勝つのは $x > y$ のときであり，落札価格（＝入札者1の支払額）は y 万円である．このとき，入札者1の期待支払額は，

$$\int_0^x \frac{y}{3} dy = \frac{x^2}{6} \tag{5.3}$$

より，$\frac{x^2}{6}$ 万円である．x は区間 $[0,3]$ 上を一様に分布しているので，入札者1の期待支払額は，

$$\int_0^3 \frac{1}{3} \times \frac{x^2}{6} dx = \frac{1}{2} \tag{5.4}$$

より，5000円である．同様に考えて，入札者2の期待支払額も5000円である．オークション主催者（売り手）の期待収入額は，2人の期待支払額の合計であるから，$5000 \times 2 = 1$ 万円である．

1万円　（答）

■**コメント：** 第2価格オークションでは，他の入札者の入札額がどのようなものあっても，入札者が戦略的に真の評価額とは異なる金額を入札しても利得を改善することはできない．このような性質のことを**耐戦略性**という．また，入札者が弱支配戦略に従うとき，評価額が最も高い入札者が必ず商品を落札することになる．この意味で，この制度は効率的な配分を達成する．

第2価格オークションがこのような望ましい性質を持つ制度であることは，ウィリアム・ヴィックリーによって明らかにされた．これにちなんで，第2価格オークションは**ヴィックリー・オークション**とも呼ばれる．ヴィックリーは，オークション理論の開拓的な研究など，情報の非対称性下におけるインセンティブに関する貢献によってノーベル経済学賞を受賞した．

演習 5.8 [第 1 価格オークション]

2 人の入札者 1, 2 による，ある商品のオークションを考える．入札者の商品に対する評価額は独立な確率変数で，その値は 0 円から 3 万円の間に一様に分布しているとする（確率変数と一様分布については **Help ❷** を参照）．どちらの入札者も，自分の評価額は知っているが，相手の評価額は知らない．入札者の利得は，商品を落札した場合は評価額から落札価格を差し引いた額とし，落札できなかった場合は 0 とする．

オークションは次の手順で行われる（第 1 価格封印入札）．まず，各入札者はそれぞれ入札額 b_1, b_2 を決める．次に，入札者の入札額に応じて，落札者および落札価格は次のように定める．

- $b_1 > b_2$ のとき，落札者は入札者 1 で落札価格は b_1 とする．
- $b_1 < b_2$ のとき，落札者は入札者 2 で落札価格は b_2 とする．
- $b_1 = b_2$ のとき，落札価格は b_1 で，落札者は公平なくじで決める．

入札者 1 の評価額を x，入札者 2 の評価額を y とする．入札者の入札戦略とは，入札者の評価額 x, y に対して，入札額 b_1, b_2 を指定する関数 $b_1(x)$, $b_2(y)$ のことである．

(1) 入札者 2 の入札戦略が $b_2(y) = ky$ であるとする．ただし，$0 < k < 1$ である．このとき，入札者 1 の最適な入札戦略（最適応答）を求めなさい．
(2) 各入札者の入札戦略の組 $b_1(x) = kx$, $b_2(y) = ky$ がベイジアン均衡点となるような k の値を求めなさい．
(3) (2)のベイジアン均衡点における，オークション主催者の期待収入を求めなさい．

■**ヒント**： (1) 入札者 1 の入札額が b_1，入札者 2 の評価額が y であるとき，入札者 1 がオークションで勝つ確率は $\frac{b_1}{3k}$ である．このとき，入札者 1 の期待利得を b_1 の式で表しなさい．期待利得が最大となる b_1 を x の式で表しなさい．
(3) (2)の均衡において，入札者 1 がオークションで勝つのは，入札者 2 よりも評価額が高いときである．評価額が x 万円の入札者 1 の期待支払額を x の式で表しなさい．x は区間 $[0,3]$ 上の一様分布に従うことをふまえて，入札者 1 の期待支払額を求めなさい．

■解答： (1) 入札者1の評価額を x 万円，入札額を b_1 とする。入札者2の評価額が y 万円のとき，入札者2の入札額は ky 万円である。入札者1がオークションで勝つのは $b_1 > ky$ のとき，すなわち $y < \frac{b_1}{k}$ のときである。y は区間 $[0, 3]$ 上を一様に分布しているので，入札者1が勝つ確率は $\frac{b_1}{3k}$ である。よって，入札者1の期待利得は，

$$\frac{b_1}{3k}(x - b_1)$$

である。これは b_1 についての2次関数であり，そのグラフは上に凸の放物線で，頂点の座標は $(\frac{x}{2}, \frac{x^2}{12k})$ である。したがって，$b_1 = \frac{x}{2}$ のとき，入札者1の期待利得は最大値をとる。

$$b_1(x) = \frac{x}{2} \quad (答)$$

(2) (1)より，入札者2の入札戦略 $b_2(y) = \frac{y}{2}$ に対する入札者1の最適応答は $b_1(x) = \frac{x}{2}$ である。同様に，入札者1の入札戦略 $b_1(x) = \frac{x}{2}$ に対する入札者2の最適応答は $b_2(y) = \frac{y}{2}$ である。したがって，戦略の組 $b_1(x) = \frac{x}{2}$，$b_2(y) = \frac{y}{2}$ はベイジアン均衡点である。

$$k = \frac{1}{2} \quad (答)$$

(3) (2)のベイジアン均衡点において，評価額が x 万円の入札者1がオークションで勝つのは $x > y$ のときであるから，その確率は $\frac{x}{3}$ であり，そのときの支払額（＝入札者1の入札額）は $\frac{x}{2}$ 万円である。よって，評価額が x の入札者1の期待支払額は $\frac{x}{3} \times \frac{x}{2} = \frac{x^2}{6}$ 万円である。x は区間 $[0, 3]$ 上を一様に分布しているので，入札者1の期待支払額は

$$\int_0^3 \frac{1}{3} \times \frac{x^2}{6} dx = \frac{1}{2} \quad (5.5)$$

より，5000円である。同様に考えて，入札者2の期待支払額も5000円である。オークション主催者（売り手）の期待収入額は，2人の期待支払額の合計であるから，$5000 \times 2 = 1$ 万円である。

$$1 万円 \quad (答)$$

■コメント： 第2価格ルールでは，2番目に高い入札額を落札価格とするので，

オークション主催者（売り手）の期待収入額は第1価格ルールに比べて小さくなるのではないか，と読者は推測されるかもしれないが，これは正しくない。その理由は，第2価格ルールでの弱支配戦略均衡では，入札者は評価額をそのまま入札するのに対して，第1価格ルールでの対称均衡では，入札者は評価額の半額しか入札しないからである（本問(2)を参照）。2番目に高い評価額と，最も高い評価額の半額のどちらが大きくなるかは，すべての入札者の評価額（確率変数）の実現値に依存する。そこで，収入額の平均（期待値）をとってみると，驚くべきことに，どちらのルールでもその値は一致する（演習5.7(2)と本問(3)を参照）。すなわち，どちらのルールであっても，オークション主催者の期待収入額は等しいのである。この性質は**収入同値定理**として知られている。

Help ❷ 一様分布と期待値

標本空間の各要素に対し，1つの実数を割り当てる関数のことを**確率変数**という。任意の実数値をとる確率変数 X を考えよう。このとき，実数 a, b $(a < b)$ に対して，確率変数 X が a と b の間にある値をとる確率が，

$$\int_a^b f(x)dx$$

で表される場合，$f(x) \geqq 0$ を確率変数 X の**確率密度関数**という。この積分は確率密度関数 $f(x)$ と x 軸，直線 $x = a$, $x = b$ で囲まれた図形の面積に等しい。

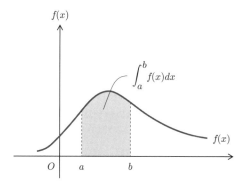

とくに，確率変数 X が2点の実数 a, b $(a < b)$ の間のどの値も等確率でとり，それ以外の値はとらないとき，X は一様分布を持つという。X が一様分布を持つ場合，その確率密度関数は，$a \leqq x \leqq b$ のとき，

$$f(x) = \frac{1}{b-a}$$

$x < a$, $x > b$ のとき，

$$f(x) = 0$$

で表される。

X が取りうる値と確率密度関数の値の関係は下の図のようになる。

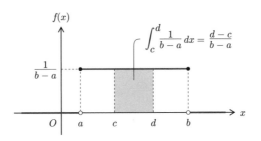

確率変数 X が区間 $[a,b]$ 上の一様分布であるときの区間 $[c,d]$ の値をとる確率は，図のグレー部分の面積となり，$\int_c^d \frac{1}{b-a} dx = \left[\frac{x}{b-a}\right]_c^d = \frac{d-c}{b-a}$ で与えられる。

確率変数 X が区間 $[a,b]$ の一様分布であるときの確率変数 X の区間 $[c,d]$ での期待値は，

$$\int_c^d x f(x) dx = \int_c^d x \frac{1}{b-a} dx = \left[\frac{1}{b-a}\frac{x^2}{2}\right]_c^d = \frac{1}{2(b-a)}(d^2 - c^2)$$

となる。(5.3) 式（158頁）は，上式より得られる。さらに，確率変数 X^2 の区間 $[c,d]$ での期待値は，

$$\int_c^d x^2 f(x) dx = \int_c^d x^2 \frac{1}{b-a} dx = \left[\frac{1}{b-a}\frac{x^3}{3}\right]_c^d = \frac{1}{3(b-a)}(d^3 - c^3)$$

となる。(5.4), (5.5) 式（158, 160頁）は，上式より得られる。

4 練習問題

問題 5.1 [ベイジアン均衡点*]

次の 2 つの利得行列で表されるベイジアン・ゲームを考える。

		S 協調	S 対立
P	参入する	1, 1	−1, −1
	参入しない	0, 2	0, 2

G_A

		S 協調	S 対立
P	参入する	1, 0	−1, −2
	参入しない	0, 2	0, 2

G_B

プレイヤー P はどちらのゲームがプレイされているかを知っており，G_A だと知っているときは A タイプ，G_B だと知っているときは B タイプとする。プレイヤー S はどちらのゲームがプレイされるかは知らず，G_A, G_B がプレイされる確率はどちらも 50% であると予想している。このゲームの純戦略ベイジアン均衡点を求めなさい。

問題 5.2 [完全ベイジアン均衡点*]

図 5.3 は，問題 5.1 のゲームの展開形表現である。このゲームの完全ベイジアン均衡点を求めなさい。

図 5.3

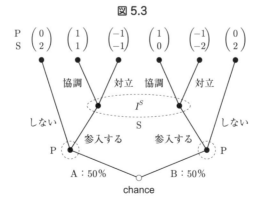

問題 5.3 ［均衡の精緻化］

図 5.4 のゲームの木で表されるベイジアン・ゲームを考える。

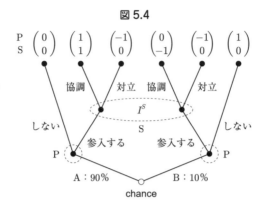

図 5.4

(1) 分離均衡および一括均衡に相当する完全ベイジアン均衡点をそれぞれ求めなさい。
(2) 一括均衡におけるプレイヤー S の信念は合理的ではないとされる理由について説明しなさい。

問題 5.4 ［最適価格設定*］

ベストセラー作家の新作小説の販売価格を設定する出版社を考える。この作品の潜在的読者は 40 万人で，そのうちの 10 万人は熱狂的なファンであることが知られている。この新作に対する評価額は，熱狂的ファンであれば 5000 円であるが，そうではない読者は 1000 円であるとする。出版社は読者のタイプを（事前には）判別できないので，読者に一律の販売価格 p を設定し，それを見て読者が購入するか否かを決める。議論を簡単にするために，出版費用は発行部数に関係なく一定であるとする。

(1) $p \leqq 1000$ のとき，新作の販売部数はいくらか。
(2) $1000 < p \leqq 5000$ のとき，新作の販売部数はいくらか。
(3) $p > 5000$ のとき，新作の販売部数はいくらか。
(4) このゲームの部分ゲーム完全均衡点を求めなさい。

問題 5.5 [シグナリング・ゲーム*]

図 5.5 のゲームの木で表されるシグナリング・ゲームを考える。

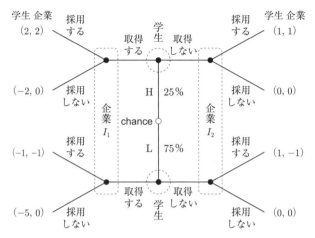

図 5.5

(1) H タイプの学生は資格を取得するが，L タイプは取得しないような完全ベイジアン均衡点（分離均衡）を求めなさい。

(2) どちらのタイプも資格を取得しないような完全ベイジアン均衡点（一括均衡）を求めなさい。

(3) 資格を取得して採用されたときの学生の利得が，どちらのタイプも 2 だけ増加したとする。このときの純戦略完全ベイジアン均衡点を求めなさい。

問題 5.6 [中古車市場とレモン]

中古車の売買市場で，品質の良い車（ピーチ）と悪い車（レモン）があり，品質は車の売り手しか知らない。ピーチの売り手を P タイプ，レモンの売り手を L タイプとする。買い手は，売り手が P タイプである確率が 80% で，L タイプである確率は 20% であると（事前に）予想している。価格 q で取引が成立した場合の利得は，次の表で与えられる。取引が成立しなかった場合の利得は売り手も買い手も 0 とする。

	ピーチ	レモン
売り手	$q-100$	$q-40$
買い手	$110-q$	$50-q$

売り手が売買価格を設定し，買い手はその価格を見て，取引する（Yes）か否（No）かを決める。各タイプの売り手が設定する価格をそれぞれ q^P, q^L と表す。

(1) $q^L \leq 50 < q^P \leq 110$ とし，買い手がこの戦略と整合的な信念を持つとする。売り手の提示価格が q^P であるとき，買い手の最適な行動を答えなさい。

(2) (1)において，買い手が整合的な信念のもとで最適な行動をとるとき，Lタイプにとって q^L は最適ではない理由を説明しなさい。

(3) $q^P = q^L$ となるような完全ベイジアン均衡点（一括均衡）は存在しないことを示しなさい。

(4) レモンだけが取引されるような完全ベイジアン均衡点が存在することを示しなさい。

問題 5.7［モラル・ハザード*］

演習 5.4（147 頁）の太郎さんと花子さんの契約問題において，基本給を $w = 9$ 万円に固定する。花子さんにとって最適な契約とは，インセンティブ両立条件と参加条件を満たす基本給とボーナスの組 (w, b) の中で，花子さんの期待利得を最大にするものであるとする。

(1) 太郎さんが努力したときに収益が 100 万円になる確率が 60% に変化したとき，花子さんにとっての最適なボーナス b の値を求めなさい。

(2) 太郎さんの努力コストが 9 万円に変化したとき，花子さんにとっての最適な b の値を求めなさい。

(3) 太郎さんがリスク回避的で，その効用関数は $U(x, c) = 5\sqrt{x} - c$ であるとする。ただし，x は花子さんからの支払い（賃金総額）であり，c は努力コストである。このとき，花子さんにとって最適な b の値を求めなさい。

問題 5.8 [ポーカー・ゲーム]

　ジョンとロイドは参加費 100 円を支払ってゲームに参加する。まず，ジョンが King（王様）と Citizen（市民）の 2 種類の絵が描かれたカードが均等に含まれるカードの山から 1 枚のカードをとり，自分のとったカードを見たうえで，Bet（賭け）か Fold（降りる）かを選ぶ。Bet の場合は，200 円追加して支払い，Fold の場合は，参加費の合計 200 円がロイドのものとなる。次に，ロイドは，ジョンの行動を見たうえで，Call（勝負）か Fold（降りる）を選ぶ。Call なら，さらに 200 円を支払う。Fold なら参加費の合計とジョンの賭け金はすべてジョンのものとなる。ジョンが Bet で，ロイドが Call なら，ジョンのカードを表にし，カードが King なら両者から出されたお金はすべてジョンのものとなり，Citizen ならお金はすべてロイドのものとなる。

(1) このゲームのゲームの木を描きなさい。
(2) このゲームを戦略形ゲームとして表しなさい。
(3) このゲームの混合戦略ベイジアン均衡点を求めなさい。

第 6 章

交渉ゲーム

●ねらい
現実の売買交渉，賃金交渉，収益分配交渉などを交渉問題として定式化し，交渉の帰結をナッシュ交渉解を用いて導けるようになる。さらに，合意に至る交渉のプロセスを展開形ゲームとして定式化し，部分ゲーム完全均衡点を考察することで，交渉におけるプレイヤー間の戦略的な駆け引きを理解する。

1 要点整理

交渉問題：2人の協力を通じて実現可能な利得の組 (u_1, u_2) の集合を**実現可能集合**という。交渉が決裂したときの2人の利得の組 (d_1, d_2) を**交渉の不一致点**という。交渉問題は，実現可能集合と交渉の不一致点との組で表される。実現可能で，交渉の不一致点以上となる利得の組の集合を**交渉領域**という。図 6.1 において，実現可能集合は曲線 C の左下部分で，交渉の不一致点が d であるとき，交渉領域は図 6.1 のグレーの部分である。

交渉解：すべての交渉問題に対して，合意される実現可能な利得の組を対応させる関数のこと。

ナッシュの公理：ナッシュは次の4つの公理を，交渉解が満たすべき性質とした。

公理 1 [パレート最適性] 交渉解は，パレート最適である。すべてのプレイヤーについて交渉解以上の利得を与え，かつ，少なくとも1人のプレイヤーについて厳密に大きい利得を与えるような実現可能集合の点を持たない。

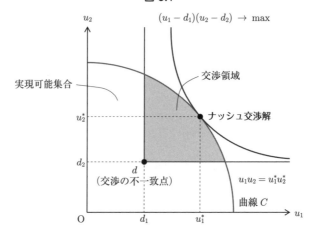

図 6.1

- **公理 2 [対称性]** 実現可能集合と交渉の不一致点がプレイヤーにとって対称であるならば，2 人の交渉解の利得は等しい．
- **公理 3 [効用の正 1 次変換からの独立性]** 2 つの交渉問題について，一方の交渉問題におけるすべての実現可能な利得と交渉の不一致点が，他方の交渉問題のすべての実現可能な利得と交渉の不一致点に正の数をかけたり，任意の数を引いたりしたもの（正 1 次変換）として表せるとき，それぞれの交渉解の間にも同じ関係がある．
- **公理 4 [無関係な結果からの独立性]** 実現可能集合が拡大された交渉問題の解が元の交渉問題でも実現可能であれば，それを元の交渉問題の解としても採用すべきであることを要求する．「無関係な結果からの独立性」という公理の名前は，拡大された交渉問題 (T, d) の解 $F(T, d)$ が元の交渉問題 (U, d) でも解であるかどうかは利得ベクトル $F(T, d)$ が交渉問題 (U, d) でも実現可能であるかどうかだけで決定され，$F(T, d)$ 以外の利得ベクトルの実現可能性とは無関係であることを意味している．
- **ナッシュ交渉解**：ナッシュの公理 1〜4 を満たす交渉問題の解のこと（ただし，実現可能集合が有界閉な凸集合であるとする）．ナッシュ交渉解は，プレイヤーの交渉の不一致点からの利得の増分の積 $(u_1 - d_1)(u_2 - d_2)$ を最大にする利得の組と一致する．図 6.1 で表される交渉問題のナッシュ交渉解は (u_1^*, u_2^*) である．

交渉問題の非協力ゲーム：提案と応答が繰り返される交渉プロセスをダイナミックなゲームとして定式化して，ナッシュ交渉解が交渉ゲームの部分ゲーム完全均衡点によって導かれるとして考察を行うもの。

2 理解度チェック

チェック 6.1〜6.4 について,各問題文を読み,空欄にあてはまる適切な数値,語句を答えなさい。

チェック 6.1 [ナッシュの公理(1)] ⇒演習 6.1

リスク中立的な 2 人のプレイヤー 1 と 2 で X 円を分ける交渉を考える。各プレイヤーの取り分を u_1, u_2 とし,交渉が決裂したときの 2 人の取り分を d_1, d_2 とする。図 6.2 において,O は原点 $(0, 0)$ であり,直線 ℓ_0 の方程式は $u_2 = u_1$ である。

(1) $X = 40$, $d_1 = d_2 = 0$ とする。図 6.2 において,直線 ℓ_1 の方程式は $u_2 = \boxed{1} u_1 + \boxed{2}$ である。この問題の交渉領域は図 6.2 の三角形 AOB の周および内部である。ナッシュの公理 1 より,交渉解は ℓ_1 上になければならない。また,実現可能集合は ℓ_0 に関して対称であり,$d_1 = d_2$ であるから,この交渉問題は対称である。公理 2 より,交渉解は ℓ_0 上になければならない。つまり,交渉解は ℓ_0 と ℓ_1 との交点,すなわち $u_1 = u_2 = \boxed{3}$ である。

(2) $X = 100$, $d_1 = 50$, $d_2 = 10$ とする。図 6.2 において,直線 ℓ_2 の方程式は $u_2 = \boxed{1} u_1 + \boxed{4}$ である。この交渉問題の交渉領域は図 6.2 の三角

図 6.2

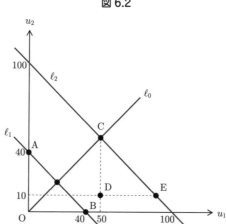

形 CDE の周および内部である．実現可能集合は ℓ_0 に関して対称であるが，$d_1 \neq d_2$ であるので，この交渉問題は対称ではない．

ℓ_1 と O を u_1 軸方向に $\boxed{5}$，u_2 軸方向に $\boxed{6}$ だけ平行移動すると，それぞれ ℓ_2 と D に一致し，AOB と CDE は一致する．ナッシュの公理 3 より，交渉解は $u_1 = \boxed{3} + \boxed{5} = \boxed{7}$, $u_2 = \boxed{3} + \boxed{6} = \boxed{8}$ である．

(3) 一般に，この交渉問題のナッシュ交渉解を X, d_1, d_2 を用いて表すと，$u_1 = \boxed{9} + d_1$, $u_2 = \boxed{9} + d_2$ である．

■解答： $\boxed{1}$ -1, $\boxed{2}$ 40, $\boxed{3}$ 20, $\boxed{4}$ 100, $\boxed{5}$ 50, $\boxed{6}$ 10, $\boxed{7}$ 70, $\boxed{8}$ 30, $\boxed{9}$ $\frac{X-(d_1+d_2)}{2}$

チェック 6.2 [ルームシェア問題]

現在，太郎くんと次郎くんが住んでいるワンルームマンションの家賃はそれぞれ 5 万円と 7 万円である．いま，2 部屋とリビングキッチン付きのマンションへ 2 人で引っ越し，ルームシェアをすることを検討している．このマンションの家賃は 10 万円である．この家賃の分担額を交渉で決める．ルームシェアをすることで，家賃支払総額は $\boxed{1}$ 万円だけ節約することができる．この節約分を，交渉によって 2 人で分けると考える．交渉が決裂すると，ルームシェアは行われず，家賃支払の節約額は 2 人とも 0 円である．この問題のナッシュ交渉解における家賃の負担額は，太郎くんが $\boxed{2}$ 万円，次郎くんが $\boxed{3}$ 万円である．

■解答： $\boxed{1}$ $(5+7) - 10 = \mathbf{2}$, $\boxed{2}$ $5 - 1 = \mathbf{4}$, $\boxed{3}$ $7 - 1 = \mathbf{6}$

チェック 6.3 [ナッシュの公理(2)]　　　　　　　　　　　　　　⇒ 演習 6.2

実現可能な利得の組の集合が $U = \{(u_1, u_2) \mid 2u_1 + 3u_2 \leqq 250\}$ で，交渉の不一致点が $d = (50, 30)$ であるような交渉問題 (U, d) を考える．

(1) 効用の正の 1 次変換を $u'_1 = 2(u_1 - 50) = 2u_1 - 100$, $u'_2 = 3(u_2 - 30) = 3u_2 - 90$ とすれば，変換後の実現可能な利得の組の集合は $U' = \{(u'_1, u'_2) \mid u'_1 + u'_2 \leqq \boxed{1}\}$ であり，交渉の不一致点は $d' = (d'_1, d'_2) =$

$\left(\boxed{2}, \boxed{3}\right)$ である。交渉問題 (U', d') は対称であるから，ナッシュの公理 1 と 2 より，この問題の交渉解は $u'_1 = \boxed{4}$, $u'_2 = \boxed{5}$ である。

(2) $u_1 = \frac{1}{2}u'_1 + 50$, $u_2 = \frac{1}{3}u'_2 + 30$ であるから，(1)とナッシュの公理 3 より，(U, d) の交渉解は $u_1 = \boxed{6}$, $u_2 = \boxed{7}$ である。

(3) $U'' = \{(u_1, u_2) \mid 2u_1 + 3u_2 \leqq 250, \; u_1 \leqq 70\}$ であるとき，交渉問題 (U'', d) の交渉解は，ナッシュの公理 4 より，$u''_1 = \boxed{8}$, $u''_2 = \boxed{9}$ である。

■解答： $\boxed{1}$ 60, $\boxed{2}$ 0, $\boxed{3}$ 0, $\boxed{4}$ 30, $\boxed{5}$ 30, $\boxed{6}$ $\frac{1}{2} \times 30 + 50 =$ **65**, $\boxed{7}$ $\frac{1}{3} \times 30 + 30 = $ **40**, $\boxed{8}$ 65, $\boxed{9}$ 40

チェック 6.4 ［最後通告ゲーム］ ⇒演習 6.4, 6.5

リスク中立的なプレイヤー 1 と 2 が利得 100 の分配 (u_1, u_2) について交渉する。交渉の不一致点を $d = (d_1, d_2)$ とする。

非協力交渉ゲームとして，次のような最後通告ゲームを考える。プレイヤー 1 が分配を提案する。プレイヤー 2 が合意すれば，利得 (u_1, u_2) が実現し，交渉は終了するが，拒否すれば交渉は決裂し，利得 d が実現して終了する。

図 6.3

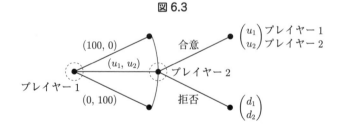

$d = (0, 20)$ のとき，部分ゲーム完全均衡点ではプレイヤー 1 は $(u_1, u_2) = \left(\boxed{1}, \boxed{2}\right)$ を提案し，この提案が合意される。$d = (20, 0)$ のとき，部分ゲーム完全均衡点では，プレイヤー 1 は $(u_1, u_2) = \left(\boxed{3}, \boxed{4}\right)$ を提案し，この提案が合意される。

■解答： $\boxed{1}$ 80, $\boxed{2}$ 20, $\boxed{3}$ 100, $\boxed{4}$ 0

3 演習問題

演習 6.1 [タクシー料金の分担*]

宝塚に住む太郎さんと西宮に住む次郎さんが,大阪梅田からタクシーで帰ろうとしている。梅田から宝塚までは 8000 円,梅田から西宮までは 7000 円かかる。また,梅田から西宮を経由して宝塚まで行くと 1 万円かかるとする。

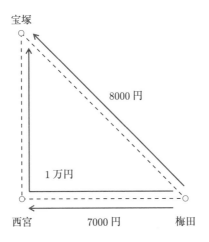

太郎さんと次郎さんが相乗りをして帰ることによって,別々に帰ったときにかかるのと比べて節約できる費用を,2 人の協力によって得られる利益と考えよう。梅田から西宮を経由して宝塚までのタクシー料金 1 万円をナッシュ交渉解を用いて 2 人で分けるとき,太郎さんと次郎さんの負担額を求めなさい。

■ヒント： 協力によって得られる利益は，それぞれ単独で帰宅したときにかかるタクシー代の合計から1万円を差し引いた金額である。この利益を交渉によって2人で分けると考える。

■解答： 個別にタクシーに乗ったときの料金は，太郎さんが8000円，次郎さんが7000円で合計1万5000円である。一方，2人で相乗りした場合には，料金は1万円である。したがって，1万5000 − 1万 = 5000円が2人の協力によって得られる利益である。交渉領域と交渉不一致点を図示すると，図 6.4 のようになる。

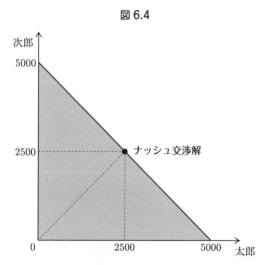

図 6.4

この交渉問題のナッシュ交渉解は (2500, 2500) である。すなわち，2人の協

力によって得られる利益を均等に分けることがナッシュ交渉解となる。

太郎さんは1人でタクシーに乗ったときは，8000円の料金を支払わなければならない。相乗りしたときの負担額は，8000 − 2500 = 5500円である。同じように，次郎さんは1人でタクシーに乗ったときは，7000円の支払いが必要なため，相乗りしたときの負担額は，7000 − 2500 = 4500円となる。

$$\text{太郎さん：5500円,} \quad \text{次郎さん：4500円} \quad \text{（答）}$$

演習 6.2 ［雇用契約*］

部品製造会社 A は，ある特殊な部品を 1 個につき 8 万円で販売することになった。この部品は，ℓ 人の工員がいれば $\sqrt{\ell}$ 個製造できる。A 社はこの部品製造のための工員を，人材派遣会社 B から雇うことにした。B 社は工員を 100 人抱えており，工員は 1 人当たり日給 5000 円（0.5 万円）を稼いでいる。A 社は B 社と交渉して，100 人のうち何人を雇用し，賃金として日給をいくら払うのかを決める。雇用人数を ℓ 人，日給を w 万円とする。交渉が妥結すれば，A 社の利得は $u_A = 8\sqrt{\ell} - w\ell$ であり，B 社の利得は $u_B = w\ell + 0.5(100-\ell) = (w-0.5)\ell + 50$ である。交渉が決裂すると，A 社は部品の生産を行うことができず，利得は 0 であるとする。一方，B 社は交渉が決裂しても，$0.5 \times 100 = 50$ の利得を得ることができる。また，A 社も B 社もリスク中立的であるとする。

(1) A 社と B 社の利得の和を最大にする雇用人数を求めなさい。

(2) A 社と B 社が (w, ℓ) に関して交渉するときのナッシュ交渉解を求めなさい。

(3) ナッシュ交渉解で決まる賃金水準を求めなさい。

■ヒント: (1) 2 社の利得の和を S として，S を ℓ の式で表す。S の値が最大になっているとき，S を ℓ で微分したものは 0 になる。

(2) 2 社の利得の和を最大にしないような契約は，2 社にとってよりよい契約 (w, ℓ) が存在することを意味するので，交渉は共同利得を最大にするように行われる。交渉の不一致点 $(d_A, d_B) = (0, 50)$ を $(0, 0)$ になるように問題を変換してナッシュ交渉解を求めるとよい。

(3) A 社の利得は $u_A = 8\sqrt{\ell} - w\ell$ である。これに(1)と(2)の解を代入して，w を求める。

■解答: (1) A 社と B 社の利得の合計を S とすると，

$$S = u_A + u_B = (8\sqrt{\ell} - w\ell) + ((w - 0.5\ell) + 50) = 8\sqrt{\ell} + 50 - 0.5\ell$$

である。S の値が最大になっているならば，ℓ を変化させても S の値を増加させることができない。つまり，S を ℓ に関して微分したもの，

$$\frac{dS}{d\ell} = \frac{4}{\sqrt{\ell}} - 0.5$$

が 0 となっている必要がある．したがって，$\frac{4}{\sqrt{\ell}} - 0.5 = 0$ より，$\ell = 64$ である．

64 人　（答）

(2) 交渉の不一致点は $d = (0, 50)$，実現可能集合は，

$$U = \left\{ u = (u_A, u_B) \ \middle| \ u_A + u_B \leqq 8\sqrt{\ell} + 50 - 0.5\ell \right\}$$

である．利得の合計は $\ell = 64$ のとき最大となるので，

$$8\sqrt{\ell} + 50 - 0.5\ell = 8 \times \sqrt{64} + 50 - 0.5 \times 64 = 82$$

であるから，実現可能集合は，

$$U = \left\{ u = (u_A, u_B) \ \middle| \ u_A + u_B \leqq 82 \right\}$$

となる．効用の正の 1 次変換を $u'_A = u_A$，$u'_B = u_B - 50$ とすると，交渉の不一致点は $d' = (0, 0)$ となり，実現可能集合は，

$$U' = \left\{ u' = (u'_A, u'_B) \ \middle| \ u'_A + u'_B \leqq 32 \right\}$$

となる．この新しい交渉問題 (U', d') のナッシュ交渉解は $u' = (16, 16)$ である．$u_A = u'_A = 16$，$u_B = u'_B + 50 = 66$ より，元の交渉ゲーム (U, d) におけるナッシュ交渉解は $(u_A, u_B) = (16, 66)$ である．

A 社：16 万円，　B 社：66 万円　（答）

(3) ナッシュ交渉解において A 社に雇用される工員は 64 人であるから，A 社の利得は $u_A = 8 \times 8 - w \times 64 = 64 - 64w$ である．ナッシュ交渉解での A 社の利得は $u_A = 16$ であるから，$64 - 64w = 16$ より $w = 0.75$ である．

日給 7500 円　（答）

演習 6.3 [共同行動の交渉*]

次の利得表で表される戦略形ゲームを考える。

		プレイヤー 2	
		L	R
プレイヤー 1	T	1, 1	−1, 2
	B	2, −1	0, 0

(1) 相関戦略によって実現可能な利得の組の集合を求め,図示しなさい。

(2) 2 人共同で行動を選択することを交渉する。プレイヤーはどの相関戦略に従うかを話し合い,合意されればそれがプレイされる。交渉が決裂した場合,プレイヤーは独立に行動を選択し,ナッシュ均衡点がプレイされるものとする。この交渉問題のナッシュ交渉解を求めなさい。

■**ヒント**: (1) 相関戦略による利得の組の集合は,純戦略の組による利得の組を結んだ線分によって囲まれる領域である(相関戦略については第 2 章演習 2.8 のコメント [60 頁] を参照)。
(2) 交渉の不一致点は,戦略形ゲームのナッシュ均衡点での利得である。

■**解答**: (1) 相関戦略により,2 人共同で確率的に行動を選択することを考える。(T, L), (T, R), (B, L), (B, R) を選ぶ確率をそれぞれ $q_{TL}, q_{TR}, q_{BL}, q_{BR}$ とすると ($q_{TL} + q_{TR} + q_{BL} + q_{BR} = 1$),期待利得の組は,

$$q_{TL}(1,1) + q_{TR}(-1,2) + q_{BL}(2,-1) + q_{BR}(0,0)$$

である。相関戦略により実現可能な期待利得の組の集合は,図 6.5 における 4 点 $(1,1), (-1,2), (2,-1), (0,0)$ を結んだ線分で囲まれる領域である。

(2) 相関戦略により実現可能な期待利得の組の集合を U とする。ナッシュ均衡点は (B, R) であるから,交渉の不一致点はナッシュ均衡利得 $d = (0,0)$ である。交渉問題 (U, d) は対称である。ナッシュの公理 1 (パレート最適性) と公理 2 (対称性) より,ナッシュ交渉解は $(u_1, u_2) = (1, 1)$ である (図 6.6 を参照)。

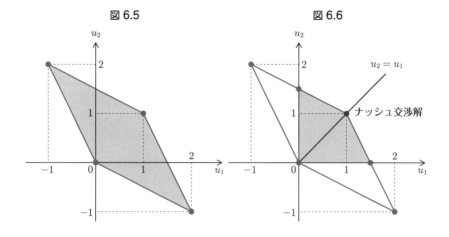

図 6.5　　　　図 6.6

どちらのプレイヤーの利得も 1　（答）

演習 6.4 [逐次交渉*]

2 人のプレイヤー A と B で利得 1 を分ける交渉を考える。交渉は次のような 2 期間ゲームで行われる。

1 期目: A が配分を提案する。その提案に対して，B が受諾するか拒否するかを決める。受諾すれば提案どおりの配分が実現して交渉は終了する。拒否すると次の期に移る。

2 期目: B が配分を提案する。その提案に対して，A が受諾するか拒否するかを決める。受諾すれば提案どおりの配分が実現して交渉は終了する。拒否すると交渉は決裂し，2 人の利得はともに 0 で交渉は終了する。

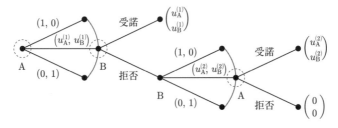

将来利得は割引因子 δ で割り引かれるものとする。

(1) 後向き帰納法から導かれる A の利得を求めなさい。

(2) 2 期目において，A が拒否した後，交渉は終了せず次の期に移り，3 期目から上述の 2 期間交渉プロセスに従うとする。この 4 期間交渉ゲームにおいて，後向き帰納法から導かれる A の利得を求めなさい。

■ヒント: (1) 2 期目では B が利得 1 を総取りする。1 期目におけるその価値は $\delta \times 1 = \delta$ である。

(2) 後向き帰納法で考える。(1) で求めた A の利得を x_1 とする。2 期目で A が提案を拒否したとき，3 期目以降に A が得られる利得は δx_1 である。

■解答: (1) 2 期目において，B の提案が $(u_A^{(2)}, u_B^{(2)})$ であるとき，A は $u_A^{(2)} \geq 0$ である限り合意する。よって，B は $(u_A^{(2)}, u_B^{(2)}) = (0, 1)$ を提案するのが最適である。

1 期目において，A の提案が $(u_A^{(1)}, u_B^{(1)})$ であるとする。B は $u_B^{(1)} \geq \delta$ であ

る限り合意する。よって，A は $(u_A^{(1)}, u_B^{(1)}) = (1-\delta, \delta)$ を提案するのが最適である。以上より，A の利得は $1-\delta$ である。

$$1-\delta \quad \text{(答)}$$

(2) 2期目において，B の提案が $(u_A^{(2)}, u_B^{(2)})$ であるとする。A が提案を拒否すると，(1)より3期目以降に得られる割引利得は $\delta(1-\delta)$ である。よって，A は $u_A^{(2)} \geqq \delta(1-\delta)$ であれば合意する。したがって B は $(u_A^{(2)}, u_B^{(2)}) = (\delta(1-\delta), 1-\delta(1-\delta))$ を提案するのが最適である。

1期目において，A の提案が $(u_A^{(1)}, u_B^{(1)})$ であるとする。2期目の議論より，B は $u_B^{(1)} \geqq \delta(1-\delta(1-\delta))$ であれば合意する。よって，A は $(u_A^{(1)}, u_B^{(1)}) = (1-\delta(1-\delta(1-\delta)), \delta(1-\delta(1-\delta)))$ を提案するのが最適である。以上より，A の利得は，

$$1 - \delta(1-\delta(1-\delta)) = 1 - \delta + \delta^2 - \delta^3$$

である。

$$1-\delta+\delta^2-\delta^3 \quad \text{(答)}$$

■コメント： (1), (2)で求めた A の利得をそれぞれ x_1, x_2 とすると，

$$x_2 = 1 - \delta(1-\delta x_1) = \delta^2 x_1 + 1 - \delta$$

の関係が成り立つ。ここで，

$$x_2 - x_1 = \delta^2 x_1 + 1 - \delta - x_1 = (1-\delta) - (1-\delta^2)x_1 > 0$$

であることに注意しよう。これは，交渉回数が増加すると，A の利得は増加することを意味している。交渉回数が限りなく大きくなるときの交渉結果の極限については練習問題 6.7（188 頁）で扱う。

> **演習 6.5 [最後通告ゲームと混合戦略]**
>
> プレイヤー 1 と 2 で 1 万円を分ける交渉を考える。まず，プレイヤー 1 が 1 万円の配分についてプレイヤー 2 に提案する。次に，プレイヤー 2 が受諾すれば，提案どおりに 1 万円が分けられ，手にした金額が利得となるが，拒否すれば取引は行われず，2 人の利得はともに 0 となる。プレイヤー 1 は 1000 円刻みで提案することができる。どちらのプレイヤーもリスク中立的であるとする。
>
> (1) プレイヤー 2 の戦略を純戦略に限定したとき，部分ゲーム完全均衡点を求めなさい。
>
> (2) プレイヤー 2 が混合戦略をとることも許したとき，部分ゲーム完全均衡点を求めなさい。

■ヒント： (1) 後向き帰納法を用いて解く。プレイヤー 2 への配分額が 0 円を提案されたとき，プレイヤー 2 は受諾と拒否が無差別であることに注意せよ。
(2) プレイヤー 2 への配分額の提案が 0 円のとき，プレイヤー 2 が確率的に合意するような混合戦略を考える。合意を選ぶ確率の大小によって，プレイヤー 1 の最適な提案額が変わる。

■解答： プレイヤー 1 が提案する，プレイヤー 2 への配分額を x とする（ただし，$0 \leqq x \leqq 10{,}000$ とする）。

(1) 後向き帰納法に従って，プレイヤー 2 の行動から考える。プレイヤー 1 の提案が x であるとする。プレイヤー 2 が受諾すると，プレイヤー 2 の利得は x であり，拒否すると 0 である。プレイヤー 2 の最適応答は以下の表で与えられる。

プレイヤー 1 の戦略	$x \geqq 1{,}000$	$x = 0$
プレイヤー 2 の最適応答	受諾	受諾, 拒否

$x = 0$ のとき，プレイヤー 2 にとって「受諾」と「拒否」は無差別であるから，どちらも最適応答である。このことに注意して，プレイヤー 1 の最適な提案額を考える。

(i) $x = 0$ のときにプレイヤー 2 が受諾する場合，プレイヤー 1 は，$x \geqq 0$

を満たす提案の中で $10,000 - x$ を最大にする x を提案することが最適である。すなわち，$x = 0$ が最適応答である。

(ii) $x = 0$ のときにプレイヤー 2 が拒否する場合，プレイヤー 1 は，$x \geq 1,000$ を満たす提案の中で $10,000 - x$ を最大にする x を提案するのが最適である。すなわち，$x = 1,000$ が最適応答である。

(i)と(ii)より，求める部分ゲーム完全均衡点は次の 2 つである。

> 均衡点(i)　プレイヤー 1 の戦略：$x = 0$ を提案
> 　　　　　プレイヤー 2 の戦略：$x \geq 0$ のすべての提案を受諾
>
> 均衡点(ii)　プレイヤー 1 の戦略：$x = 1,000$ を提案
> 　　　　　　プレイヤー 2 の戦略：$x \geq 1,000$ のときのみ受諾

（答）

(2) $x = 0$ のとき，プレイヤー 2 は，提案の受諾と拒否が無差別となる。したがって，確率 p で受諾し，確率 $1 - p$ で拒否するという混合戦略は，最適（行動）戦略となる。$x \geq 1,000$ のとき，確率 1 で提案を受諾することがプレイヤー 2 の最適戦略となる。

プレイヤー 2 の戦略を所与として，$x = 0$ のときのプレイヤー 1 の期待利得は，

$$p \times 10,000 + (1 - p) \times 0 = 10,000p$$

である。$x = 1,000$ のとき，提案は確実に受諾されるので，プレイヤー 1 の利得は $10,000 - 1,000 = 9,000$ である。つまり $10,000p \geq 9,000$ のとき，すなわち $p \geq 0.9$ のとき，$x = 0$ が最適である。逆に，$p \leq 0.9$ であれば，$x = 1,000$ が最適である。

以上より，求める部分ゲーム完全均衡点は次頁の 2 種類である。

均衡点(I)

　プレイヤー1の戦略：$x=0$ を提案

　プレイヤー2の戦略：

　　$x \geq 1{,}000$ なら確率1で受諾，

　　$x = 0$ なら，確率 0.9 以上で受諾

（答）

均衡点(II)

　プレイヤー1の戦略：$x=1{,}000$ を提案

　プレイヤー2の戦略：

　　$x \geq 1{,}000$ なら確率1で受諾

　　$x = 0$ なら，確率 0.9 以下で受諾

4 練習問題

問題 6.1 [ナッシュ交渉解*]

AとBの2人で交渉して1万円を分ける。交渉の不一致点をそれぞれ d_A, d_B とする。AとBはともにリスク中立的であるとする。

(1) $d_A = 4000$, $d_B = 2000$ のとき，ナッシュ交渉解を求めなさい。

(2) $d_A = 1000$, $d_B = 3000$ のとき，ナッシュ交渉解を求めなさい。

問題 6.2 [ベンチャー企業設立*]

IT技術者のウォズがベンチャー企業を設立すると1000万円の収益が得られるが，商才に長けたジョブズと共同で起業すると収益は1億円になる。ただし，ジョブズだけでは起業できない（収益は0円）。2人が共同で会社を設立するとき，ナッシュ交渉解における収益の分配を求めなさい。

問題 6.3 [家事分担交渉*]

太郎さんと花子さんの家事分担の戦略形ゲーム（チキン・ゲーム）が次の利得行列のように与えられるとする。

		花子	
		家事をやる	家事をやらない
太郎	家事をやる	2, 2	1, 3
	家事をやらない	3, 1	0, 0

この状況で，2人の間での家事分担についての交渉を考える。相関戦略によって実現可能な利得の組を，交渉で実現できる利得の組とし，交渉の不一致点は混合戦略ナッシュ均衡点で実現される期待利得の組であるとする。この交渉問題のナッシュ交渉解を求めなさい。また，ナッシュ交渉解を実現する相関戦略を考えなさい。

問題 6.4 [環境汚染と補償交渉*]

ある工場が生産活動により100億円の収益を得ているが，汚染物質の排出

で近隣住民に X 億円の被害を与えている．工場が操業を停止すれば，収益も汚染被害も 0 となる．この問題について，工場と住民とで金銭による補償交渉を行う．工場も住民もリスク中立的であるとする．

(1) $X = 60$ とする．交渉が決裂した場合，工場が操業停止となるとき，ナッシュ交渉解ではいかなる補償が行われるか．

(2) $X = 140$ とする．交渉が決裂した場合，工場の操業を停止させることができないとき，ナッシュ交渉解ではいかなる補償が行われることになるか．

問題 6.5 [リスク回避型選好]

100 万円を 2 人のプレイヤー 1 と 2 で分ける交渉を考える．交渉が決裂したとき，プレイヤー 1 の取り分は 25 万円，プレイヤー 2 の取り分は 4 万円である．プレイヤーの効用関数はどちらも $u = \sqrt{x}$ （u：効用，x：受取金額）であるとする．

(1) 交渉領域を図示しなさい．

(2) ナッシュ交渉解を求めなさい．

問題 6.6 [交換経済]

2 人の消費者 A, B が 2 種類の財を交換する経済を考える．各消費者の効用関数はそれぞれ $u_A = x_1^{\frac{1}{4}} x_2^{\frac{1}{4}}$, $u_B = x_1^{\frac{1}{2}} x_2^{\frac{1}{2}}$ とし，財の初期保有はそれぞれ $e_A = (1, 0)$, $e_B = (0, 1)$ であるとする．A と B は互いの持つ財を取引する交渉を行う．交渉が決裂したときは，それぞれの初期保有を消費する．

(1) 交渉領域を図示しなさい．

(2) ナッシュ交渉解に対応する各消費者の消費の組を求めなさい．

問題 6.7 [有限回交渉ゲームの極限]

演習 6.4（182 頁）の 2 期間の逐次交渉ゲームを 1 ラウンドとして，n ラウンドまで交渉を継続する $2n$ 期間交渉ゲームを考える（$n \geq 2$）．

(1) $2n$ 期間交渉ゲームにおける，プレイヤー A の部分ゲーム完全均衡利得を x_n とする。x_n を x_{n-1} を用いて表しなさい。

(2) n が限りなく大きくなるとき，x_n の極限値を求めなさい。

問題 6.8 ［交互提案ゲーム：定常戦略］

交互提案ゲームで交渉ラウンドの回数に上限がないとする。プレイヤー 1 は分配 $(x_1, 100 - x_1)$ を提案し，プレイヤー 2 は分配 $(100 - x_2, x_2)$ を提案する。将来利得の割引因子は δ である。

(1) 過去の交渉結果には無関係なプレイヤーの戦略（**定常戦略**）によって構成されるゲームの部分ゲーム完全均衡点を求めなさい。

(2) δ が限りなく 1 に近づくとき，(1)で求めた均衡点における各プレイヤーの利得はどんな値に収束するかを答えなさい。

実験してみよう④

演習6.5（184頁）の最後通告ゲームは，さまざまな被験者を対象に数多く行われている。クラスルームなどで，ランダムに2人のペアをつくり，次のような用紙を配布して行う。

提案者への問い
- あなたに1万円が与えられたとしてください。
- この1万円をあなたとあなたのペアとなった人とで配分するとします。
- 配分案を提案してください。1000円単位で配分額を記入してください。
- あなたの提案がペアとなった人によって受諾されれば，その提案額で2人に配分が行われます。拒否されれば，2人とも配分額は0となります。

質問：あなたは1万円のどのような配分を提案しますか？

　　　提案：あなた（提案者）の取り分　　（　　　　）円
　　　　　　ペアの人（応答者）の取り分　（　　　　）円

応答者への問い
- 上記のあなた（応答者）への提案額を受諾するか拒否するか選択してください。
- 受諾すれば，応答者の取り分を得ることができます。一方，拒否すれば，あなたの取り分は0となります。

質問：提案額の（受諾），（拒否）のどちらか選択するほうを○で囲んでください。

　　　　　　（受諾）　　　　　　（拒否）

実験結果として，演習6.5で求めた部分ゲーム完全均衡点のプレイを被験者が行うことはまれで，提案者は部分ゲーム完全均衡点より大きな額を提案し，応答者は提案者が提示してきた自身の取り分が小さいとき，正の利得を犠牲にしても提案を拒否することが観察されている。

第**7**章

グループ形成と利得分配

要点整理

● ねらい

誰と協力するかによって，得られる利益の大きさが異なる場面はさまざまに考えられる。この章では，協力によって得られるグループ間の力関係を表す「協力ゲーム」（提携形ゲーム）の概念を学び，さらに，協力ゲームの解概念であるコアやシャープレイ値を用いて，さまざまな協力ゲームの解き方を身につける。

1　要点整理

提携：協力を目的として形成されるプレイヤーの集まり（グループ）のこと。たとえば，3人のプレイヤー A, B, C による提携は $\{A, B, C\}$ のように表記する。$\{A\}$ のように，メンバーが1人しかいない場合でも提携という。

特性関数：提携 S によってもたらされる価値，総利得を $v(S)$ で表す。v はすべての提携に対して提携の総利得を対応させる関数である。たとえば，A, B, C の3人の場合，提携は全部で7個あり，特性関数 v はそのすべての提携の総利得，

　　全体提携：$v(\{A, B, C\})$
　　2人提携：$v(\{A, B\})$, 　$v(\{B, C\})$, 　$v(\{A, C\})$
　　1人提携：$v(\{A\})$, 　$v(\{B\})$, 　$v(\{C\})$

を定めるものである。

提携形ゲーム：プレイヤーの集合 N と特性関数 v の組 (N, v) で表されるゲームのこと。**特性関数形ゲーム**ともいう。

優加法的ゲーム：互いに共通のメンバーがいない2つの提携（S と T）に対し

て，それぞれの提携の総利得の和（$v(S)+v(T)$）よりも2つの提携を合わせた提携の総利得（$v(S\cup T)$）のほうが等しいか大きくなるゲームのこと．

ゼロ正規化：1人提携の利得が0となるように特性関数を変換すること．提携の総利得から，その提携の各メンバーの1人提携の利得の合計を差し引くことで得られる．

パレート最適：優加法的なゲームにおいて利得の組が実現可能であるとは，すべてのプレイヤーの利得の総和が全体提携の総利得（$v(N)$）以下である場合をいう．ある実現可能な利得の組がパレート最適であるとは，他の実現可能な利得の組に変更してもすべてのプレイヤーの利得を大きくすることができない場合をいう．優加法的ゲームにおいて，パレート最適な利得の組とは，すべてのプレイヤーの利得の総和が全体提携の総利得にちょうど等しいもののことである．

個人合理性：すべてのプレイヤーが，誰とも協力しないで得られる価値（$v(\{i\})$）以上の利得を得ること．

配分：パレート最適性と個人合理性を満たす利得の組のこと．

提携合理性：実現可能な利得の組の性質で，どんな提携 S をとってもそのメンバーの利得の和が $v(S)$ 以上であること．

配分間の支配：配分 x が別の配分 y を支配するとは，次の2条件を満たす提携 S が存在する場合をいう．

(1) x における S のメンバーの利得は S のメンバーだけで実現可能である．

(2) S のすべてのメンバーは x を y より好む（利得が高い）．

コア：提携形ゲームにおける提携合理性を満たす配分の集合のこと．優加法的なゲームでは，他の配分に支配されない配分の集合と等しい．

シャープレイ値：プレイヤー i の利得が，各プレイヤーがランダムな順序で全体提携を形成するときのプレイヤー i の限界貢献度（$v(S)-v(S-\{i\})$）の期待値として与えられる利得配分のこと．

マッチング問題：プレイヤーの組合せ（マッチング），および，プレイヤーと財（非分割財）の組合せを考える問題のこと．この問題の例として，研修医の病院割当問題，結婚問題，非分割財の配分問題，臓器移植問題，ルームメート問題が挙げられる．

2 理解度チェック

チェック 7.1〜7.6 について,それぞれ問題文を読み,空欄にあてはまる適切な数値,語句を答えなさい。

チェック 7.1 [ゼロ正規化]

特性関数 v が次のように与えられている。

$$v(\{A,B,C\}) = 20,$$
$$v(\{A,B\}) = 12, \quad v(\{A,C\}) = 10, \quad v(\{B,C\}) = 8,$$
$$v(\{A\}) = 5, \quad v(\{B\}) = 3, \quad v(\{C\}) = 2$$

v をゼロ正規化したものを $\widehat{v}$ とすると,

$$\widehat{v}(\{A,B,C\}) = \boxed{1},$$
$$\widehat{v}(\{A,B\}) = \boxed{2}, \quad \widehat{v}(\{A,C\}) = \boxed{3}, \quad \widehat{v}(\{B,C\}) = \boxed{4},$$
$$\widehat{v}(\{A\}) = 0, \quad \widehat{v}(\{B\}) = 0, \quad \widehat{v}(\{C\}) = 0$$

である。

■解答: $\boxed{1}$ 10, $\boxed{2}$ 4, $\boxed{3}$ 3, $\boxed{4}$ 3

チェック 7.2 [ベンチャー企業設立] ⇒演習 7.2

A, B, C の 3 人でベンチャー企業を設立することを考える。ベンチャー企業の予想収益は,

- 3 人が共同でベンチャー企業を起こす場合は 240
- 2 人でベンチャー企業を設立する場合,A と B では 200,A と C では 150,B と C では 100
- 3 人が別々にベンチャー企業を起こす場合,A は 60,B は 40,C は 20

であるとする (単位は省略)。設立された企業の収益を提携の総利得とする提携形ゲームを考える。

このゲームのコアは,次の連立不等式の解である。

$$x_A + x_B + x_C = \boxed{1} \tag{7.1}$$
$$x_A + x_B \geqq \boxed{2} \tag{7.2}$$
$$x_A + x_C \geqq \boxed{3} \tag{7.3}$$
$$x_B + x_C \geqq \boxed{4} \tag{7.4}$$
$$x_A \geqq \boxed{5} \tag{7.5}$$
$$x_B \geqq \boxed{6} \tag{7.6}$$
$$x_C \geqq \boxed{7} \tag{7.7}$$

(7.1), (7.4), (7.5) 式より，

$$\boxed{5} \leqq x_A \leqq \boxed{8},$$

(7.1), (7.3), (7.6) 式より，

$$\boxed{6} \leqq x_B \leqq \boxed{9},$$

(7.1), (7.2), (7.7) 式より，

$$\boxed{7} \leqq x_C \leqq \boxed{10}$$

である．以上より，このゲームのコアは，

$$x_A + x_B + x_C = \boxed{1},$$
$$\boxed{5} \leqq x_A \leqq \boxed{8}, \quad \boxed{6} \leqq x_B \leqq \boxed{9}, \quad \boxed{7} \leqq x_C \leqq \boxed{10}$$

を満たす配分 (x_A, x_B, x_C) の集合である．

■解答： $\boxed{1}$ 240, $\boxed{2}$ 200, $\boxed{3}$ 150, $\boxed{4}$ 100, $\boxed{5}$ 60, $\boxed{6}$ 40, $\boxed{7}$ 20, $\boxed{8}$ 140, $\boxed{9}$ 90, $\boxed{10}$ 40

チェック 7.3 ［シャープレイ値］ ⇒演習 7.3, 7.4

次の特性関数で表される 3 人ゲームを考える．

$$v(\{A,B,C\}) = 6,$$
$$v(\{A,B\}) = v(\{A,C\}) = 6, \quad v(\{B,C\}) = 0,$$
$$v(\{A\}) = v(\{B\}) = v(\{C\}) = 0$$

1人提携 $\{B\}$ に A が参加することによる総利得の増分，すなわち提携 $\{A,B\}$ における A の限界貢献度は $\boxed{1}$ である．同様に，提携 $\{A,C\}$ における A の限界貢献度も $\boxed{1}$ である．したがって，

- $\{B\} \to \{A,B\} \to \{A,B,C\}$
- $\{C\} \to \{A,C\} \to \{A,B,C\}$

の順に全体提携が形成される場合，A の限界貢献度はいずれも $\boxed{1}$ である．

次に，提携 $\{A,B,C\}$ における A の限界貢献度は $\boxed{2}$ である．したがって，

- $\{B\} \to \{B,C\} \to \{A,B,C\}$
- $\{C\} \to \{B,C\} \to \{A,B,C\}$

の順に全体提携が形成される場合，A の限界貢献度はいずれも $\boxed{2}$ である．

同様に考えて，

- $\{A\} \to \{A,B\} \to \{A,B,C\}$
- $\{A\} \to \{A,C\} \to \{A,B,C\}$

の順に全体提携が形成される場合，A の限界貢献度はいずれも 0 である．

全体提携が形成される順序は全部で 6 通りある．シャープレイ値とは，それらが等確率で起きるときの限界貢献度の期待値である．したがって，プレイヤー A のシャープレイ値 ϕ_A は，

$$\phi_A = \frac{2}{6} \times \boxed{1} + \frac{2}{6} \times \boxed{2} + \frac{2}{6} \times 0 = \boxed{3}$$

である．同様の計算により，プレイヤー B, C のシャープレイ値は，それぞれ $\phi_B = \boxed{4}$, $\phi_C = \boxed{5}$ である．

■解答： $\boxed{1}$ 6, $\boxed{2}$ 6, $\boxed{3}$ 4, $\boxed{4}$ 1, $\boxed{5}$ 1

チェック 7.4 [市場ゲーム]　　　　　　　　　　　　　　　　　⇒演習 7.3

Aさんはこれまで使っていたパソコンを友人に 3 万円以上なら売りたいと思っており，Aさんの友人Bさんは価格が 6 万円以下なら，友人Cさんは 5 万円以下なら，買いたいと思っている。提携の価値を取引から生まれる総余剰（買い手と売り手の評価額の差）の最大値として，特性関数を次のように設定する。1 人だけあるいは B と C だけでは取引は成立しないので（以下，単位は万円），

$$v(\{A\}) = v(\{B\}) = v(\{C\}) = v(\{B,C\}) = 0$$

である。A と B，または A と C であれば取引が成立するので，

$$v(\{A,B\}) = 6 - 3 = 3, \quad v(\{A,C\}) = 5 - 3 = 2$$

である。A, B, C の 3 人の場合，A と C よりも A と B が取引するほうが総余剰が大きいので，

$$v(\{A,B,C\}) = 6 - 3 = 3$$

である。このゲームのコアは，次の連立不等式の解である。

$$x_A + x_B + x_C = \boxed{1},$$
$$x_A + x_B \geq \boxed{1}, \quad x_B + x_C \geq \boxed{2}, \quad x_A + x_C \geq \boxed{3},$$
$$x_A \geq \boxed{2}, \quad x_B \geq \boxed{2}, \quad x_C \geq \boxed{2}$$

これを解くと，

$$x_A + x_B = \boxed{1}, \quad \boxed{4} \leq x_A \leq \boxed{5}, \quad x_C = \boxed{6}$$

である。

■解答：　1 3，　2 0，　3 2，　4 2，　5 3，　6 0

チェック 7.5 [マッチング]　　　　　　　　　　　　　　　　　⇒演習 7.5

男性 3 人と女性 3 人が参加する婚活パーティーで男女のペアを 3 組作る。男女 6 人の異性に対する選好順序は次の表で与えられている。

男性	良介	君章	貞九郎
1位	桃子	香里	千明
2位	千明	桃子	桃子
3位	香里	千明	香里

女性	桃子	千明	香里
1位	君章	良介	君章
2位	良介	貞九郎	良介
3位	貞九郎	君章	貞九郎

参加者の選好を考慮して，うまく男女のマッチングを作りたい．まず次のようなマッチングを考える．

(良介, 千明), (君章, 桃子), (貞九郎, 香里)

このとき，君章と ① とでペアを作り直すと，2 人とも最初のマッチングよりも好ましい相手になるため，「抜け駆け」してペアを作り直すかもしれない．このような「抜け駆け」したくなるペアが生まれないようなマッチングは，

(良介, ②), (君章, ③), (貞九郎, ④)

しかない．このようなマッチングのことを**安定マッチング**という．

■解答： ① 香里， ② 桃子， ③ 香里， ④ 千明

チェック 7.6 [3 人ゲームの配分] ⇒演習 7.1

ゼロ正規化された提携形ゲーム，

$$v(\{A,B,C\}) = 10,$$
$$v(\{A,B\}) = 4, \quad v(\{A,C\}) = 3, \quad v(\{B,C\}) = 3,$$
$$v(\{A\}) = 0, \quad v(\{B\}) = 0, \quad v(\{C\}) = 0$$

を考える．

このゲームの利得の組 (x_A, x_B, x_C) は，高さ 10 の正三角形 ABC 上の点によって表現できる（詳しい解説は，**Help ❸** 参照）．高さ 10 の正三角形 ABC において，辺 AB 上の点は，$x_C = $ ① ，$x_A + x_B = $ ② を満たす配分を表し，頂点 A は配分 $x_A = $ ③ ，$x_B = $ ④ ，$x_C = $ ⑤ を表す．また，正三角形の重心は配分 $x_A = $ ⑥ ，$x_B = $ ⑦ ，$x_C = $ ⑧ を表す．

■解答： $\boxed{1}$ 0, $\boxed{2}$ 10, $\boxed{3}$ 10, $\boxed{4}$ 0, $\boxed{5}$ 0, $\boxed{6}$ $\frac{10}{3}$, $\boxed{7}$ $\frac{10}{3}$, $\boxed{8}$ $\frac{10}{3}$

Help ❸ 3人ゲームの配分の表現

高さ 10 の正三角形 ABC の 1 辺の長さを y とする。三角形の面積は，底辺 × 高さ $\times \frac{1}{2}$ であるので，$\triangle ABC = \frac{1}{2} y \times 10$ となる。ここで，以下の図のように正三角形 ABC 内に点 x をとる。

点 x と辺 BC との距離を x_A，点 x と辺 AC との距離を x_B，点 x と辺 AB との距離を x_C とする。正三角形 ABC の面積は，三角形 AxB と三角形 BxC と三角形 AxC の面積の和に等しい。ここでそれぞれの面積は，$\triangle AxB = \frac{1}{2} \times y \times x_C$，$\triangle BxC = \frac{1}{2} \times y \times x_A$，$\triangle AxC = \frac{1}{2} \times y \times x_B$ である。したがって，$\triangle ABC = \triangle AxB + \triangle BxC + \triangle AxC$ より，$x_A + x_B + x_C = 10$ が得られる。

このことは，正規化された提携形ゲーム $(\{A, B, C\}, \hat{v})$ の配分，つまり，$x_A + x_B + x_C = 10 = \hat{v}(\{A, B, C\})$ を満たす x_A, x_B, x_C の組は，高さ 10 の正三角形 ABC 内の一点で表されることを意味する。

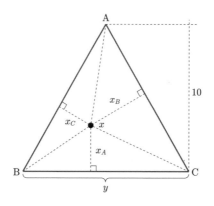

3 演習問題

演習 7.1 [3 人対称ゲーム*]

A, B, C の 3 人が協力すると全体で利得 1 が得られる。しかし, 2 人だけの協力では 1 より小さい正の利得 α となる。また, 誰とも協力しないときの利得は 0 である。

(1) この状況を特性関数で表しなさい。
(2) 特性関数が優加法的であるかどうかを確かめなさい。
(3) 均等配分がコアに属するような α の範囲を求めなさい。

■ヒント： (2) 2 人提携の価値と各プレイヤーの価値の和を比較する。3 人提携の価値と, 2 人提携の価値と 1 人提携の価値の和を比較する。
(3) α の値が大きいと, 均等配分 $\left(\frac{1}{3}, \frac{1}{3}, \frac{1}{3}\right)$ はコアに属さない。

■解答： (1) プレイヤーの集合は $\{A, B, C\}$ である。1 人提携の価値は 0, 2 人提携の価値は α, 全体提携の価値は 1 なので, 特性関数は以下のようになる。

$$v(\{A\}) = v(\{B\}) = v(\{C\}) = 0,$$
$$v(\{A,B\}) = v(\{A,C\}) = v(\{B,C\}) = \alpha,$$
$$v(\{A,B,C\}) = 1$$

(2) 2 人提携の価値と 1 人提携の価値の和を比較すると,

$$v(\{A\}) + v(\{B\}) = 0 < \alpha = v(\{A,B\}),$$
$$v(\{A\}) + v(\{C\}) = 0 < \alpha = v(\{A,C\}),$$
$$v(\{B\}) + v(\{C\}) = 0 < \alpha = v(\{B,C\})$$

が成立している。3 人提携の価値と, 2 人提携の価値と 1 人提携の価値の和を比較すると,

$$v(\{A,B\}) + v(\{C\}) = \alpha < 1 = v(\{A,B,C\}),$$
$$v(\{A,C\}) + v(\{B\}) = \alpha < 1 = v(\{A,B,C\}),$$
$$v(\{B,C\}) + v(\{A\}) = \alpha < 1 = v(\{A,B,C\})$$

が成立している．したがって，この特性関数は優加法的である．

優加法的である （答）

(3) このゲームのコアは，パレート最適性，
$$x_A + x_B + x_C = 1$$
2人提携の合理性，
$$x_A + x_B \geqq \alpha, \quad x_A + x_C \geqq \alpha, \quad x_B + x_C \geqq \alpha$$
および個人合理性（1人提携の合理性），
$$x_A \geqq 0, \quad x_B \geqq 0, \quad x_C \geqq 0$$
を満たす配分の集合である．均等配分 $(x_A, x_B, x_C) = \left(\frac{1}{3}, \frac{1}{3}, \frac{1}{3}\right)$ は，明らかにパレート最適性と個人合理性を満たす．よって提携合理性を満たすのは，
$$\frac{1}{3} + \frac{1}{3} \geqq \alpha$$
が成り立つときである．よって，求める α の範囲は $\frac{2}{3}$ となる．

$\alpha \leqq \dfrac{2}{3}$ （答）

図 7.1

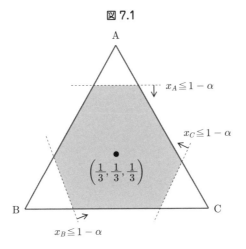

■**コメント**： このゲームのように，メンバー数の等しい提携の価値はすべて同じであるようなゲームのことを**対称ゲーム**という。均等配分がコアに属する条件 $\alpha \leq \frac{2}{3}$ は，全体提携の価値を 3 人に均等に分配した利得 $\left(\frac{1}{3}\right)$ が，2 人提携の価値を 2 人に均等に分配した利得 $\left(\frac{\alpha}{2}\right)$ 以上であることを表している。

また，このゲームにおいて均等配分がコアに属する条件は，コアに属する配分が存在する（コアが非空である）ための必要十分条件でもある（⇒ 練習問題 7.2）。

> **演習 7.2 [プロジェクトの収益の分配問題]**
>
> A, B, C の 3 人による共同プロジェクトを考える。A はグループをまとめる能力があり，A がいなければプロジェクトを実行できないが，プロジェクトの成果自体には貢献できない。一方，B, C はこのプロジェクトに 1 単位の努力を投入することが可能で，プロジェクトの成果に貢献することができる。X をメンバー全員がこのプロジェクトに投入した努力量の合計としたとき，プロジェクトの成果は $\sqrt{X}$ で測られる。
>
> (1) 提携の価値をプロジェクトの成果として，上記の状況を特性関数で表現しなさい。
> (2) 均等配分はコアに属さないことを示しなさい。
> (3) コアに属する配分の中で，A の利得が最小となるものを求めなさい。

■ヒント： (1) どのプレイヤーも 1 人ではプロジェクトの成果を生み出すことはできないことと，A がいなければ，プロジェクトの成果を生み出すことができないことに注意して，各提携における価値を求める。
(2) 均等配分とは，各プレイヤーが全体提携の価値 $\sqrt{2}$ を 3 等分した利得を受け取るような配分である。これが提携合理性を満たすかを確かめよ。
(3) コアを図示するとわかりやすい。

■解答： (1) プレイヤーの集合は $\{A, B, C\}$ である。どのプレイヤーも 1 人ではプロジェクトの成果を生み出すことができないので，

$$v(\{A\}) = v(\{B\}) = v(\{C\}) = 0$$

である。2 人提携のうち，個人 A が提携に含まれれば，プロジェクトは実施され，1 単位分の努力がプロジェクトの成果を生み出す。しかし，個人 A がいなければ，正の成果を生み出すことはできない。したがって，

$$v(\{A, B\}) = v(\{A, C\}) = 1, \quad v(\{B, C\}) = 0$$

である。全体提携では，合計で 2 単位の努力がプロジェクトの成果を生み出すので，

$$v(\{A, B, C\}) = \sqrt{2}$$

である。

(2) コアは次の等式と不等式を満たす配分である。

$$x_A + x_B + x_C = \sqrt{2} \tag{7.8}$$

$$x_A + x_B \geqq 1 \tag{7.9}$$

$$x_A + x_C \geqq 1 \tag{7.10}$$

$$x_B + x_C \geqq 0 \tag{7.11}$$

$$x_A, x_B, x_C \geqq 0 \tag{7.12}$$

均等配分 $(x_A, x_B, x_C) = \left(\frac{\sqrt{2}}{3}, \frac{\sqrt{2}}{3}, \frac{\sqrt{2}}{3}\right)$ は,

$$x_A + x_B = x_A + x_C = \frac{\sqrt{2}}{3} + \frac{\sqrt{2}}{3} = \frac{2\sqrt{2}}{3} < 1$$

より, (7.9) 式および (7.10) 式を満たさない。したがって, 均等配分はコアに属さない。

(3) (7.8) 式より,

$$x_C = \sqrt{2} - x_A - x_B$$

である。これを (7.9)～(7.12) 式に代入して整理すると,

$$1 \leqq x_A + x_B \leqq \sqrt{2}, \quad 0 \leqq x_B \leqq \sqrt{2} - 1, \quad x_A \geqq 0$$

である。これら不等式が表す領域は図 7.2 のグレー部分で表される。図 7.2 より, x_A の値が最小となるのは, $(x_A, x_B) = (2 - \sqrt{2}, \sqrt{2} - 1)$ である。このとき, (7.8) 式より $x_C = \sqrt{2} - 1$ である。よって, 求めるコア配分は, 以下のようになる。

$$(x_A, x_B, x_C) = (2 - \sqrt{2}, \sqrt{2} - 1, \sqrt{2} - 1) \quad \text{(答)}$$

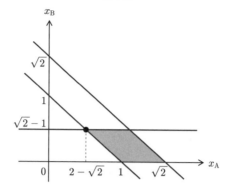

図 7.2

■**コメント：** このゲームのコアを，配分を示す三角形を用いて表すと，図 7.3 のようになる。

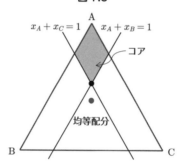

図 7.3

図 7.3 より，コア配分の中で A の利得が最小となるものは，連立方程式，

$$x_A + x_B + x_C = \sqrt{2}$$
$$x_A + x_B = 1$$
$$x_A + x_C = 1$$

の解として求めることもできる。この配分において，B と C の利得 $\sqrt{2}-1$ は，B と C がプロジェクトに加わることによる成果の増加分，すなわち B と C の限界生産性である。

演習 7.3 [市場ゲーム*]

不動産業者 A は 1000 万円以上ならば売ってもよいと考えている中古住宅を 1 軒所有している。この物件に対して，2 人の買い手 B と C が購入を検討している。B は 1600 万円以下ならば買ってもよいと考えている。一方，C は 2200 万円以下ならば買ってもよいと考えている。

(1) 提携の価値を，取引からの総余剰の最大値として，この状況を特性関数で表しなさい。ただし，総余剰とは，買い手と売り手の評価額の差額である。

(2) このゲームのコアを求めなさい。

(3) このゲームのシャープレイ値を求めなさい。

(4) A, B, C による中古住宅市場において，需要と供給が一致するような価格の範囲を求めなさい。

■ヒント： (1) 3 人提携 $\{A, B, C\}$ の価値は，A と C が取引したときの総余剰である。
(4) 価格は 1000 万円以上であれば 1 軒だけ供給される。需要量がちょうど 1 軒となる価格はいくらか。

■解答： (1) プレイヤーの集合は $\{A, B, C\}$ である。A, B, C 単独，あるいは B と C では取引できないので，この場合総余剰は 0 であるから，

$$v(\{A\}) = v(\{B\}) = v(\{C\}) = v(\{B,C\}) = 0$$

である．AとB，もしくはAとCでは取引が成立するので，

$$v(\{A,B\}) = 600\,万, \quad v(\{A,C\}) = 1200\,万$$

である．A, B, Cの3人の場合，AとCが取引するときに総余剰が最大となるので，

$$v(\{A,B,C\}) = 1200\,万$$

である．

(2) このゲームのコアは，次の等式および不等式を満たす (x_A, x_B, x_C) の集合である．

$$x_A + x_B + x_C = 1200\,万 \tag{7.13}$$

$$x_A + x_B \geqq 600\,万 \tag{7.14}$$

$$x_A + x_C \geqq 1200\,万 \tag{7.15}$$

$$x_B + x_C \geqq 0 \tag{7.16}$$

$$x_A \geqq 0 \tag{7.17}$$

$$x_B \geqq 0 \tag{7.18}$$

$$x_C \geqq 0 \tag{7.19}$$

(7.13), (7.15), (7.18) 式より，

$$x_A + x_C = 1200\,万, \quad x_B = 0$$

である．$x_B = 0$ と (7.14) 式より，

$$x_A \geqq 600\,万$$

である．したがって，このゲームのコアは，

$$\boxed{x_A + x_C = 1200\,万, \quad 600\,万 \leqq x_A \leqq 1200\,万, \quad x_B = 0 \quad (答)}$$

(3) A, B, Cが3人提携 $\{A,B,C\}$ に参加する順序は6通りある．各順序における各プレイヤーの限界貢献度は次の表で与えられる（表において，順序

ABC は $\{A\} \to \{A,B\} \to \{A,B,C\}$ の順に提携が形成されることを表す)。

順序	A の限界貢献度	B の限界貢献度	C の限界貢献度
ABC	0	600 万	600 万
ACB	0	0	1200 万
BAC	600 万	0	600 万
BCA	1200 万	0	0
CAB	1200 万	0	0
CBA	1200 万	0	0

すべての順序が等確率 ($\frac{1}{6}$) で起こるとすると，A の限界貢献度の期待値は，

$$\frac{1}{6} \times 600\,万 + \frac{3}{6} \times 1200\,万 = 700\,万$$

B の限界貢献度の期待値は，

$$\frac{1}{6} \times 600\,万 = 100\,万$$

C の限界貢献度の期待値は，

$$\frac{2}{6} \times 600\,万 + \frac{1}{6} \times 1200\,万 = 400\,万$$

である。以上より，このゲームのシャープレイ値は，以下のようになる。

$$(\phi_A, \phi_B, \phi_C) = (700\,万, 100\,万, 400\,万) \quad (答)$$

(4) 市場価格が 1000 万円以上であれば，A が中古住宅を 1 軒だけ供給する。一方，価格が 2200 万円より高いとき，B も C も需要しない。価格が 2200 万円以下で，1600 万円より高い場合は，C のみが住宅を 1 軒だけ需要する。価格が 1600 万円以下ならば，B も C も需要するので，総需要量は 2 軒である。次頁の**図**7.4 より，需要と供給が一致するのは，価格が 1600 万円以上 2200 万円以下のときである。この価格において，A と C が取引することになる。

$$\boxed{1600\,万円以上\,2200\,万円以下} \quad (答)$$

図 7.4

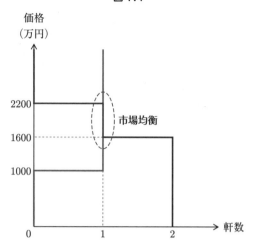

■コメント： この市場ゲームのコア配分は，A と C が 1600 万円以上 2200 万円以下の価格で取引を行うことを表している。物件の取引価格を p とすると，A, C の利得（余剰）はそれぞれ $x_A = p - 1000$ 万, $x_C = 2200$ 万 $- p$ である。コア配分は 600 万 $\leqq x_A \leqq 1200$ 万を満たすことから，1600 万 $\leqq p \leqq 2200$ 万である。(4)より，これは市場均衡取引と一致している（**図 7.4** を参照）。より一般的な有限人の市場ゲームにおいては，競争均衡配分はコアに含まれることが知られている。一方，(3)より，市場ゲームのシャープレイ値はコアに含まれていないので，市場均衡とは異なる取引を表している。

演習 7.4 [投票力とシャープレイ値*]

ある議会における議席は3つの政党 A, B, C で占められている。各党の保有議席数は，A 党が40，B 党が30，C 党が10である。この議会において，法案は過半数の賛成があれば可決される。

(1) 法案を通すことができる提携の価値を 1，法案を通すことのできない提携の価値を 0 として，特性関数 v を設定しなさい。

(2) コアを求めなさい。

(3) 各党のシャープレイ値を求めなさい。

■ヒント： (1) 法案を通すことのできる提携（勝利提携という）は，$\{A, B\}$，$\{A, C\}$，$\{A, B, C\}$ である。
(3) 各政党が順に提携に参加して提携 $\{A, B, C\}$ が形成されると考えて，参加したときにそれまでの提携にもたらす追加的価値の平均値を求める。

■解答： (1) 法案を通すことのできる提携は，

$$\{A, B\}, \quad \{A, C\}, \quad \{A, B, C\}$$

であり，これらの提携の価値は 1 である。それ以外の提携に対する価値は 0 である。したがって，特性関数は以下のようになる。

$$\begin{aligned}&v(\{A, B, C\}) = 1, \\ &v(\{A, B\}) = v(\{A, C\}) = 1, \quad v(\{B, C\}) = 0, \\ &v(\{A\}) = v(\{B\}) = v(\{C\}) = 0\end{aligned} \quad \text{(答)}$$

(2) コアは次の等式および不等式を満たす配分 (x_A, x_B, x_C) の集合である。

$$x_A + x_B + x_C = 1,$$
$$x_A + x_B \geqq 1, \quad x_A + x_C \geqq 1, \quad x_B + x_C \geqq 0,$$
$$x_A \geqq 0, \quad x_B \geqq 0, \quad x_C \geqq 0$$

これを解くと，以下のようになる。

$$x_A = 1, \quad x_B = x_C = 0 \quad \text{(答)}$$

(3) A, B, C が全体提携 $\{A, B, C\}$ に参加する順序は全部で 6 通りで，各順

序における各党の限界貢献度は次の表のようになる（表において，順序 ABC は $\{A\} \to \{A,B\} \to \{A,B,C\}$ の順に全体提携が形成されることを表す）．

順序	Aの限界貢献度	Bの限界貢献度	Cの限界貢献度
ABC	0	1	0
ACB	0	0	1
BAC	1	0	0
BCA	1	0	0
CAB	1	0	0
CBA	1	0	0
平均値	$\frac{2}{3}$	$\frac{1}{6}$	$\frac{1}{6}$

表より，シャープレイ値は，以下のようになる．

$$\phi_A = \frac{2}{3}, \quad \phi_B = \frac{1}{6}, \quad \phi_C = \frac{1}{6} \quad \text{（答）}$$

■コメント： この提携形ゲームのように，提携の価値が0か1しかとらないゲームを**投票ゲーム**または**単純ゲーム**という．投票ゲームのシャープレイ値は各政党の投票力を表していると考えられる．本問において，勝利提携にはすべてA党が入っているので，A党はこの法案に関する拒否権を持っている．この事実を反映して，A党のシャープレイ値は他の政党よりも大きい．しかし，A党は他の政党と協力しないと法案を通すことができないので，B党とC党もある程度のパワーを持っている．このことを反映して，B，Cのシャープレイ値は0ではない（コア配分では $x_B = x_C = 0$ である）．投票ゲームのシャープレイ値のことを**シャープレイ・シュービック指数（SS指数）**という．本問で示されているように，SS指数は保有議席の比と同一とは限らない点は興味深い．また，SS指数は必ずしもコアには属さない．

演習 7.5 [マッチング*]

3つのプロ野球球団 G, T, D と，プロ希望の3人の有望選手 A, B, C とを考える．球団および選手の選好順序は次の表で与えられている．

球団	G	T	D
第1希望	B	C	B
第2希望	C	A	A
第3希望	A	B	C

選手	A	B	C
第1希望	T	G	D
第2希望	D	T	G
第3希望	G	D	T

球団と選手との可能な組合せのことをマッチングという．あるマッチングが安定であるとは，球団と選手のどちらにとっても現在より好ましい相手となるようなペアができない場合をいう．

(1) G と A, T と B, D と C というマッチングは安定ではないことを示しなさい．

(2) 次のような選択プロセスで形成されるマッチングを求めなさい．

ステップ1：各球団は第1希望の選手を指名する．選手は，指名された球団が1球団のみであれば指名の受け入れを保留する．複数球団から指名された場合は，最も希望順位の高い球団の指名のみを保留し，それ以外を拒否する．

ステップ2：拒否された球団は，これまで指名した選手の次に希望する選手を指名する．指名を受けた選手は，以前保留した球団も含めて最も希望順位の高い球団の指名のみを保留し，それ以外を拒否する．

ステップ3：拒否された球団がなくなるまで，ステップ2と同様の手続きを繰り返した後，すべての球団の指名が受け入れられる．

(3) (2)で求めたマッチングが安定であることを示しなさい．

■**ヒント**：　(1) G と B はお互い第1希望同士である．
(2) 1回目の指名で D が拒否される．2回目の指名ですべての球団の指名が受け入れられる．
(3) G と T は第1希望の選手を獲得できている．

■**解答**：　(1) G と B とのペアを考える．G にとって B は A よりも順位が高

い。BにとってGはTよりも順位が高い。よって，このマッチングは安定ではない。

(2) まず，GとDはBを指名し，TはCを指名する。BはGの指名を保留しDを拒否する。CはTの指名を保留する。次に，指名を拒否されたDはAを指名する。Aは（指名されたのは1球団のみなので）Dの指名を保留する。これですべての球団の指名が受け入れられた。最終的に形成されたマッチングは，以下のようになる。

（GとB），（TとC），（DとA）　　（答）

(3) (2)で得られたマッチングにおいて，GとTは第1希望の選手を獲得できているので，現在のマッチングよりよくなることはない。Dが現在よりよくなるのはBを獲得できた場合のみであるが，BにとってDより現在の相手であるGのほうが好ましいので，Bが現在よりもよくなることはない。以上より，(2)のマッチングは安定である。

■コメント：　(2)で提示された選択プロセスは，ゲールとシャープレイによって開発された**ゲール・シャープレイ・アルゴリズム（GSアルゴリズム）**または**受入保留アルゴリズム（DAアルゴリズム）**と呼ばれるものである。この方法を用いれば，安定マッチングの1つをみつけることができる。

また，(2)で提示されたプロセスにおいて，球団と選手の立場を入れ替えて，選手側が球団を「逆指名」するように変更すると，別の安定マッチングをみつけることができる。マッチング問題を（一般化された）提携形ゲームとして定式化すると，ゲームのコアと安定マッチングの集合は等しい。

マッチング問題の代表的な例として，研修医と受入先の病院とのマッチングや，ある地域で学生を学校に割り振る学校選択の問題などがある。

演習 7.6 [非分割財の交換]

学生寮に住む 3 人の学生 A, B, C に対して，それぞれ部屋 a, b, c が割り当てられている．ここで，学生同士がより好ましい部屋を求めて部屋を交換することを考える．部屋から得られる学生の利得は以下の表で与えられている．

	部屋 a	部屋 b	部屋 c
学生 A	1	2	3
学生 B	3	1	2
学生 C	3	2	1

ある割当 x がコアに属するとは，(i) x ではすべての学生が初めに割り当てられた部屋以上の利得を得て，かつ，(ii) x での部屋をどのように 2 人または 3 人で交換しても，交換に参加したすべての学生が x のときよりも高い利得を得ることができない場合をいう．

(1) A, B, C にそれぞれ b, a, c を指定する割当はコアに属さないことを示しなさい．

(2) 3 人がホールに集まって次のような手順に従って部屋を交換するとき，実現する部屋の割当を求めなさい．

ステップ 1：各学生が自分にとって最も好ましい部屋を割り当てられている人（自分でもよい）を指差すと，指差しのサイクル（循環）ができる．サイクルができた人に，指差した相手の部屋を割り当て，ホールから退出してもらう．

ステップ 2：ホールに残っている学生がいなくなるまで，ステップ 1 を繰り返す．

(3) (2) で求めた割当はコアに属することを示しなさい．

■**ヒント**： (1) A と C が部屋を交換することを考える．
(2) 1 回目の指差しで A と C のサイクルができる．2 回目では B が自分を指差す．
(3) A と C は最も利得の高い部屋が割り当てられている．

■**解答**： 各学生への部屋の割当をそれぞれ x_A, x_B, x_C，各学生の利得をそれぞれ u_A, u_B, u_C で表す．

(1) 割当 $(x_A, x_B, x_C) = (b, a, c)$ における利得ベクトルは $(u_A, u_B, u_C) =$

$(2,3,1)$ である．A と C とで部屋を交換すると（つまり $(x_A, x_C) = (c, a)$），利得は $(u_A, u_C) = (3,3)$ となる．A と C は 2 人ともより高い利得を得ているので，割当 (b, a, c) はコアに属さない．

(2) 学生 i が学生 j を指差すことを $i \to j$ と表す．1 回目の指差しの結果は，$A \to C,\ B \to A,\ C \to A$ である．$A \to C \to A$ のサイクルができるので，A には c を，C には a を割り当てる．残っているのは B だけであるから，2 回目の結果は $B \to B$ となり，B に b を割り当てて終了となる．最終的に実現する割当は $(x_A, x_B, x_C) = (c, b, a)$ である．

$$(x_A, x_B, x_C) = (c, b, a) \quad \text{(答)}$$

(3) 割当 $(x_A, x_B, x_C) = (c, b, a)$ における利得ベクトルは $(u_A, u_B, u_C) = (3, 1, 3)$ である．A と C は最も利得の高い部屋が割り当てられている．残る B だけで実現できるのは b に入室することだけである．よって，この割当からどのような交換をしても，より高い利得を実現することはできない．

■コメント： この問題は，シャープレイとスカーフが 1974 年の論文で発表した非分割財の配分問題に基づいている．(2)で提示された方法は，ゲールによって考案された**トップ・トレーディング・サイクル法（TTC 法）**と呼ばれるアルゴリズムで，コアに属する配分を必ず探し出すことが知られている．TTC 法と競争均衡配分との関係については，練習問題 7.8 を参照せよ．

また，コアに属する割当はただ 1 つであるとは限らない．本問では (c, b, a) と (c, a, b) と (b, c, a) の 3 つの割当がコアに属する．

4 練習問題

問題 7.1 [コアとシャープレイ値*]

次の 3 人ゲームのコアとシャープレイ値を求めなさい。

(1) $v(\{A,B,C\}) = 10,$
$v(\{A,B\}) = 7, \quad v(\{B,C\}) = 5, \quad v(\{A,C\}) = 6,$
$v(\{A\}) = v(\{B\}) = v(\{C\}) = 0$

(2) $v(\{A,B,C\}) = 10,$
$v(\{A,B\}) = 7, \quad v(\{B,C\}) = 6, \quad v(\{A,C\}) = 7,$
$v(\{A\}) = v(\{B\}) = v(\{C\}) = 0$

問題 7.2 [3 人対称ゲーム]

次の特性関数で表される 3 人対称ゲームを考える (ただし $0 \leqq \alpha < 1$)。

$$v(\{A,B,C\}) = 1,$$
$$v(\{A,B\}) = v(\{A,C\}) = v(\{B,C\}) = \alpha,$$
$$v(\{A\}) = v(\{B\}) = v(\{C\}) = 0$$

(1) シャープレイ値を求めなさい。
(2) コアが空集合とならないための必要十分条件は $\alpha \leqq \frac{2}{3}$ であることを示しなさい。

問題 7.3 [市場ゲーム*]

同じ型・年式の中古車を販売する売り手 A と B がいて，A は 150 万円以上ならば売ってもよいと考えており，B は 250 万円以上ならば売ってもよいと考えている。ただし，中古車の状態は同じであるとする。この中古車に対して，買い手 C は 200 万円以下ならば買ってもよいと考えており，買い手 D は 300 万円以下ならば買ってもよいと考えている。提携の価値は，成立する取引から得られる総余剰の最大値であるとする。

(1) 以上の状況を特性関数で表現しなさい。
(2) このゲームのコアを求めなさい。
(3) 市場均衡価格および均衡における取引を求めなさい。

問題 7.4 [勝利提携とシャープレイ値*]

ある会社の株式が3人の株主 A, B, C によって保有されていて，その株の保有率は $(40, 30, 30)$ である。株主総会では保有株式に関する単純多数決で議題が決定されるものとする。

(1) 多数決で議題を決定できる提携（勝利提携）をすべて求めなさい。
(2) 各プレイヤーのシャープレイ値を求めなさい。
(3) 増資によって新たに D が株主となり，A, B, C, D の株の保有割合は $(40, 30, 20, 10)$ となった。各株主のシャープレイ値を求めなさい。

問題 7.5 [滑走路建設の費用分担]

ある飛行場で滑走路を新しく建設することになった。滑走路は4つの航空会社 A, B, C, D が利用し，それぞれが必要とする滑走路の長さは使用している航空機の大きさで異なる。各社が必要とする滑走路の建設費用は A 社が 8 億円，B 社が 11 億円，C 社が 17 億円，D 社が 19 億円である。1つの滑走路を複数の航空会社で共同利用する場合，滑走路の費用は各社の費用の最大値によって定まるとする。たとえば，A, B, C の3社で共同利用する場合，建設費用は 17 億円である。

(1) 提携の価値を建設費用として，上の状況を特性関数で表しなさい。
(2) シャープレイ値に対応する各社の費用負担を求めなさい。

問題 7.6 [マッチング*]

3人の学生 A, B, C を，3人の教員 X, Y, Z の研究室（ゼミ）へ割り当てる。各研究室の定員は1人で，教員は学生を受け入れなくてもよい。学生および教員の希望は以下の表で与えられている。表の「∅」は「どこの研究室にも所属しない」あるいは「どの学生も受け入れない」ことを表す。この問題における安定マッチングを求めなさい。[ヒント：演習 7.5（211頁）の受入保留アルゴリ

ズムを用いるとよい]

学生	A	B	C
第1希望	X	Y	X
第2希望	Z	X	Z
第3希望	Y	Z	Y
第4希望	∅	∅	∅

教員	X	Y	Z
第1希望	B	A	A
第2希望	A	B	B
第3希望	∅	C	∅
第4希望	C	∅	C

問題 7.7 [ルームメイト問題]

プレイヤー A, B, C, D の4人で2人部屋の部屋割りを行う。各プレイヤーの同室の相手としての希望は以下の表で与えられている。

個人	A	B	C	D
第1希望	B	C	A	A
第2希望	C	A	B	B
第3希望	D	D	D	C

部屋割りのプランとして可能なマッチングは次の3通りである。ただし，上下のペアがルームメイトであることを表す。

$$(\alpha) \begin{pmatrix} A & C \\ B & D \end{pmatrix}, \quad (\beta) \begin{pmatrix} A & B \\ C & D \end{pmatrix}, \quad (\gamma) \begin{pmatrix} A & B \\ D & C \end{pmatrix}$$

あるマッチング x が別のマッチング y を支配するとは，y のときよりも x のときのほうが好ましい相手とマッチできているような x のペアが存在する場合をいう。いかなるマッチングにも支配されないようなマッチングの集合のことをコアと定義する。

(1) α は β を支配することを示しなさい。
(2) β は γ を支配することを示しなさい。
(3) コアに属するマッチングが存在しないことを示しなさい。

問題 7.8 [非分割財の取引]

個人 A, B, C, D, E がそれぞれ異なる1枚のトレーディング・カードを保有しており，よりよいカードを得るためにお互いのカードを交換することを考える。A, B, C, D, E が持っているカードをそれぞれ a, b, c, d, e で表す。各個人

のカードから得られる利得（効用）は以下の表で与えられている。

	a	b	c	d	e
A	2	5	1	4	3
B	3	1	5	2	4
C	5	4	2	3	1
D	1	3	5	4	2
E	5	1	4	3	2

(1) 演習 7.6（213 頁）の TTC 法を用いて，コアに属する割当を求めなさい．

(2) カードの市場取引を考える．カード i の価格を p_i とする．各個人は所有するカード i を市場価格 p_i で販売し，その所得で購入可能なカード（価格が p_i 以下のカード）の中から最も好ましい（利得の高い）ものを市場価格で購入する．カードの価格が

$$p_a = p_b = p_c = 3, \quad p_d = 2, \quad p_e = 1$$

であるとき，いかなる取引が実現するか．

第8章 進化ゲーム

> **●ねらい**
> この章では，プレイヤーの合理性を前提としない「進化ゲーム理論」の基礎を学ぶ。進化ゲーム理論とは，生物の進化や人間社会の行動様式のダイナミックな過程を分析するゲーム理論の一分野である。進化的に安定な戦略とナッシュ均衡点との関係，進化のダイナミクスと均衡選択との関係について理解する。また，慣習や規範がどのように定着するのかを，進化ゲームの視点で分析する。

1 要点整理

進化ゲーム：進化ゲームでは，プレイヤーをこれまでの章で見た合理的選択をする主体ではなく，生物個体として遺伝子的に組み込まれた特定の形態や行動様式をとる一種の機械とみなす。プレイヤーの戦略は，生物プレイヤーの形態や行動様式を表し，プレイヤーの利得は，戦略の適応度を表す。期待利得の低い戦略，すなわち適応度の低い戦略は，自然淘汰されていくとして，淘汰が落ち着いたときに生き残った戦略の分布を均衡状態と考える。また，適応度を最大にするように戦略が「進化する」と考えるところが，進化ゲームの特徴である。

集団均衡：混合戦略を，集団内のプレイヤーがとる純戦略の分布として考える均衡概念。同じタイプの集団からランダムに選ばれたプレイヤーがゲームを繰り返しプレイする。集団内の各プレイヤーが純戦略を選択するとき，ゲームの混合戦略は集団内の純戦略の分布を表すと考える。プレイヤーは集団内の純戦略の分布を所与として，期待利得がより高くなるように戦略

を変更する．このようなダイナミックな過程のもとで，戦略の分布が変化しなくなった状態を，この集団の均衡状態と考える．混合戦略ナッシュ均衡点はこの性質を満たす．

進化的安定戦略：2人対称ゲームの戦略 s^* が**進化的に安定な戦略**（ESS）であるとは，集団の全員が s^* を用いている状態から，その一部が突然変異で別の戦略 t を用いるようになったとしても，s^* のほうが t よりも適応度（= 利得）が高い場合をいう．すなわち，相手の戦略が t のとき，戦略 s をとるプレイヤーの利得を $u(s,t)$ とすると，十分小さい $\varepsilon > 0$ に対して，

$$(1-\varepsilon)u(s^*,s^*) + \varepsilon u(s^*,t) > (1-\varepsilon)u(t,s^*) + \varepsilon u(t,t)$$

が成立することである．ESS の組はナッシュ均衡点である．

進化のダイナミクス：進化ゲームでは，自然淘汰による各プレイヤーの行動変化をダイナミックな過程として定式化する．基本的には，期待利得がより高い戦略を選択するプレイヤーの比率が増加していくと考える．ダイナミックな過程の分析は**位相図**を用いると便利である．位相図とは，状態の変化を図式化したもので，時間を通じた行動変化の定性的な性質を調べるときに有用である．

2 理解度チェック

チェック 8.1 ［集団均衡］

以下を読み，空欄にあてはまる適切な数値を答えなさい。

次の利得行列で表される硬貨合わせゲームのナッシュ均衡点は，確率 $\boxed{1}$ で H をとり，確率 $\boxed{2}$ で T をとる混合戦略の組である。このゲームを 5000 人の集団からランダムに選ばれた 2 人でプレイすることを考える。ナッシュ均衡点を集団均衡として解釈するなら，戦略 H を選んでいる人が $\boxed{3}$ 人，T を選んでいる人が $\boxed{4}$ 人であるような戦略の分布である。

	H	T
H	1, −1	−1, 1
T	−1, 1	1, −1

■解答： $\boxed{1}$ $\frac{1}{2}$, $\boxed{2}$ $\frac{1}{2}$, $\boxed{3}$ 2500, $\boxed{4}$ 2500

チェック 8.2 ［進化的に安定な戦略］

以下を読み，空欄にあてはまる適切な数値，語句を答えなさい。

次の利得行列で表される戦略形ゲームを，100 人の集団からランダムに選ばれた 2 人でプレイする。

	C	D
C	2, 2	0, 0
D	0, 0	1, 1

いま集団のうち 10 人が戦略 C を選択し，残りの 90 人が戦略 D を選んでいる状況を考えよう。C を選んでいるプレイヤーが他の C を選んでいるプレイヤーと対戦する確率は $\boxed{1}$ で，そのときに得られる利得は $\boxed{2}$ である。D を選んでいるプレイヤーと対戦する確率は $\boxed{3}$ で，そのときの利得は $\boxed{4}$ である。つまり，C を選んでいるプレイヤーの期待利得は

5 である。

一方，D を選んでいるプレイヤーが他の D を選んでいるプレイヤーと対戦する確率は 6 で，そのときに得られる利得は 7 である。C を選んでいるプレイヤーと対戦する確率は 8 で，そのときの利得は 9 である。つまり，D を選んでいるプレイヤーの期待利得は 10 である。期待利得の大きさを環境に対する適応度と考えて，利得の高い戦略の比率が大きくなるのであれば，この戦略の分布では，戦略 11 を選ぶプレイヤーの比率が高まる。その結果，すべてのプレイヤーが戦略 12 を選択するようになる。これは戦略 12 が進化的に安定であることを意味する。

■解答： 1 $\frac{9}{99} = \frac{1}{11}$， 2 2， 3 $\frac{90}{99} = \frac{10}{11}$， 4 0，
5 $\frac{1}{11} \times 2 + \frac{10}{11} \times 0 = \frac{2}{11}$， 6 $\frac{89}{99}$， 7 1， 8 $\frac{10}{99}$， 9 0，
10 $\frac{89}{99} \times 1 + \frac{10}{99} \times 0 = \frac{89}{99}$， 11 D， 12 D

チェック 8.3 [位 相 図]

次の利得表で表される 2 人ゲームにおける行動進化のダイナミクスを表す位相図を描きなさい。ただし，集団内でマッチングはランダムとし，期待利得が大きい行動の比率が増加するものとする。

	a		b	
a	2,	2	0,	3
b	3,	0	-1,	-1

■解答： 集団内での戦略 a の比率が x であるとき，戦略 a, b の期待利得はそれぞれ $2x$, $4x - 1$ である。$2x > 4x - 1$ すなわち $x < \frac{1}{2}$ のとき x は増加し，$2x < 4x - 1$ すなわち $x > \frac{1}{2}$ のとき x は減少する。これを位相図で表すと，図 8.1 のようになる。

図 8.1 （答）

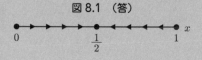

3 演習問題

演習 8.1 [協調ゲーム*]

駅の階段など多くの人が行き来する通路において，人々は「左側通行（L）」をするか，「右側通行（R）」をするかを選択する。すれ違う人同士がともに「左側通行」あるいはともに「右側通行」であれば，互いにぶつかることなく通行できるが，そうでなければぶつかってしまって通行しにくい。この状況を次のような利得行列で表す。

	L	R
L	0, 0	$-1, -1$
R	$-1, -1$	0, 0

(1) この利得行列で表される戦略形ゲームの純戦略，混合戦略のナッシュ均衡点をそれぞれ求めなさい。

(2) ある地域で「左側通行」の人の比率が x，「右側通行」の人の比率が $1-x$ であるとする。このとき，ある個人が「左側通行」および「右側通行」を選択したときの期待利得 u をそれぞれ x の式で表し，そのグラフを図示しなさい。

(3) 個人は期待利得の高いほう（通行しやすいほう）を選ぶとする。すべての人が「左側通行」を選択するようになるには，最初に「左側通行」を選択している人の比率がどれくらいであればよいかを答えなさい。

■ヒント： (2)「左側通行」を選んだときの期待利得は $x \times 0 + (1-x) \times (-1)$ である。「右側通行」を選んだときの期待利得は $x \times (-1) + (1-x) \times 0$ である。
(3)「右側通行」より「左側通行」のほうが期待利得が大きくなるような x を求める。

■解答： (1) 純戦略ナッシュ均衡点は (L, L) と (R, R) である。混合戦略ナッシュ均衡点は，確率 $1/2$ で L をとり，確率 $1/2$ で R をとる戦略の組である。
(2)「左側通行」の期待利得は，

$$x \times 0 + (1-x) \times (-1) = x - 1$$

である.「右側通行」の期待利得は,

$$x \times (-1) + (1-x) \times 0 = -x$$

である.グラフは次のようになる.

図 8.2 （答）

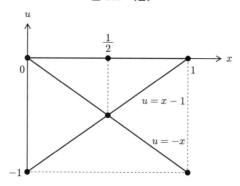

(3) 「左側通行」のほうが期待利得が高くなるのは,

$$x - 1 > -x$$

のときである.

$$x > \frac{1}{2} \quad \text{（答）}$$

■コメント: 本書の執筆時点で, 筆者らは東京, 京都, 大阪, 神戸で勤務していたが, それぞれの地域の社会的慣習の違いが存在する. たとえば,「エスカレータに乗るときに左右どちらに立ち, どちらを急いでいる人に空けるか」は地域によって異なる. ちなみに, 大阪, 神戸は「右側に立ち, 左側を空ける」, 京都, 東京では「左側に立ち, 右側を空ける」のが慣習となっている. 不注意に反対側に立つと, 歩行者の迷惑となり, 嫌な顔をされることになる. このような地域による「右側通行」「左側通行」の違いは, 進化ゲーム理論の教える自然淘汰の結果として解釈できる. 進化ゲーム理論は, 社会的慣習やルールの生成を解明する理論として経済学だけでなく社会学や政治学でも注目されている.

演習 8.2 [流行と進化ゲーム*]

　K 大学の女子学生たちは，自分のヘアスタイルを「ボブ」か「ロング」のどちらにするかを決めるとする。学生たちはキャンパスで出会う他の学生とは異なるヘアスタイルであったほうがよいと考えている。また，ロングは髪の手入れが面倒なので，ボブのほうがよいとも考えている。この状況を次のような利得行列で表す。

	ボブ	ロング
ボブ	1, 1	3, 2
ロング	2, 3	0, 0

　学生たちは，キャンパス内の他の学生のヘアスタイルの分布に応じて，平均的な利得が高いほうのヘアスタイルに変える。女子学生の中でボブの占める比率を p とする。

(1) $p = 0.2$ のとき，学生たちはボブとロングのどちらを選択するか。
(2) $p = 0.8$ のとき，学生たちはボブとロングのどちらを選択するか。
(3) キャンパス内でボブの比率が増加するような p の値の範囲を求めなさい。
(4) キャンパス内で長期的に実現するヘアスタイルの分布を求めなさい。

■**ヒント：** (1), (2) 確率 p でボブ，確率 $1-p$ でロングという混合戦略に対する最適応答を求める。
(3) 確率 p でボブ，確率 $1-p$ でロングという混合戦略に対して，ロングよりもボブのほうが期待利得が高くなるような p の値の範囲を求める。
(4) ボブの比率が減少するような p の値の範囲を求めて，(3) の結果をあわせて位相図を描く。

■**解答：** (1) $p = 0.2$ のとき，キャンパス内でボブの学生に出会う確率（頻度）は 0.2，ロングの学生に出会う確率（頻度）は 0.8 である。このとき，学生が自分のヘアスタイルをボブにしたときの期待利得は，

$$0.2 \times 1 + 0.8 \times 3 = 2.6$$

であり，ロングにしたときの期待利得は，

$$0.2 \times 2 + 0.8 \times 0 = 0.4$$

である。ボブのほうが期待利得が高いので，ボブを選択する。

ボブを選ぶ　（答）

(2) $p = 0.8$ のとき，キャンパス内でボブの学生に出会う確率（頻度）は 0.8，ロングの学生に出会う確率（頻度）は 0.2 である。このとき，学生が自分のヘアスタイルをボブにしたときの期待利得は，

$$0.8 \times 1 + 0.2 \times 3 = 1.4$$

であり，ロングにしたときの期待利得は，

$$0.8 \times 2 + 0.2 \times 0 = 1.6$$

である。ロングのほうが期待利得が高いので，ロングを選ぶ。

ロングを選ぶ　（答）

(3) ボブを選んだときの期待利得を p の式で表すと，

$$p \times 1 + (1-p) \times 3 = -2p + 3$$

である。ロングを選んだときの期待利得を p の式で表すと，

$$p \times 2 + (1-p) \times 0 = 2p$$

である。ボブのほうが期待利得が高くなるのは，

$$-2p + 3 > 2p$$

すなわち，$p < 0.75$ のときである。

$$\boxed{p < 0.75 \quad (答)}$$

(4) ボブの比率が p であるとき，ロングを選んだほうが期待利得が高くなるのは，

$$-2p + 3 < 2p$$

すなわち，$p > 0.75$ のときである。これと(3)より，$p < 0.75$ ならば p は増加し，$p > 0.75$ ならば p は減少することがわかる。したがって，長期的にはボブの比率は $p = 0.75$ に収束する。

$$\boxed{75\% \text{ がボブ，} \quad 25\% \text{ がロング} \quad (答)}$$

図 8.3

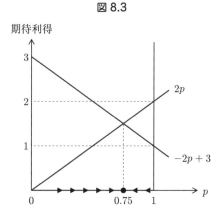

■コメント： (4)の長期的に実現するヘアスタイルの分布は混合戦略ナッシュ均衡点に対応する。

演習 8.3 [鹿狩りゲーム*]

2人の狩猟者は協力すれば大きなヘラジカを狩猟できるが，1人だけでは狩猟できない．一方，1人だけでもウサギを狩猟することができる．この状況を次の利得行列で表すことにする．

	ヘラジカ（C）	ウサギ（D）
ヘラジカ（C）	5, 5	0, 3
ウサギ（D）	3, 0	3, 3

狩猟者の社会の規範として，いかなる戦略が選択されるのかを考える．

(1) 同一の村からランダムに2人が選ばれて上記のゲームをプレイすることを繰り返す．この村における戦略Cの比率をxとすると，xの変化の様子を位相図を用いて表しなさい．

(2) 2つの村（XとY）からランダムに1人ずつ選ばれて上記のゲームをプレイする．X村，Y村における戦略Cの比率をそれぞれx, yとし，行動の分布(x, y)の変化の様子を位相図を用いて表しなさい．

■**ヒント**： (1) 戦略Cの比率をxとして，戦略C, Dの期待利得をxの式で表す．CのほうがDよりも期待利得が高いとき，xは増加する．逆にCよりもDのほうが高いとき，xは減少する．

(2) X村の戦略Cの比率をxとし，Y村の戦略Cの比率をyとして，それぞれの村の戦略C, Dの期待利得をx, yの式で表す．x, yがともに増加するのはどのような場合か．またxは増加するがyは減少するのはどのような場合か．

■**解答**： (1) 戦略Cの比率がxのとき，戦略Cを選んでいる場合の狩猟者

の期待利得は，

$$x \times 5 + (1-x) \times 0 = 5x$$

であり，同様に戦略 D を選んでいる場合の期待利得は，

$$x \times 3 + (1-x) \times 3 = 3$$

である。よって，$5x > 3$ すなわち $x > \frac{3}{5}$ のとき x は増加し，$x < \frac{3}{5}$ のときは減少する。$x = \frac{3}{5}$ のとき，x は変化しない。この状況を位相図で表すと図 8.4 のようになる。

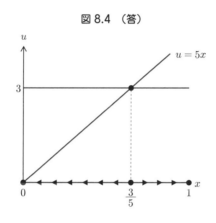

図 8.4 （答）

(2) X 村の戦略 C の比率が x のとき，Y 村で戦略 C を選んでいる狩猟者の期待利得は $5x$ で，戦略 D の期待利得は 3 である。よって，$5x > 3$ すなわち $x > \frac{3}{5}$ のとき y は増加し，$x < \frac{3}{5}$ のときは減少する。$x = \frac{3}{5}$ のとき y は変化しない。同様に，Y 村の戦略 C の比率が y のとき，$y > \frac{3}{5}$ ならば x は増加し，$y < \frac{3}{5}$ ならば x は減少する。$y = \frac{3}{5}$ のとき x は変化しない。

	$0 < x < \frac{3}{5}$	$\frac{3}{5} < x < 1$
$\frac{3}{5} < y < 1$	x：増加，y：減少	x：増加，y：増加
$0 < y < \frac{3}{5}$	x：減少，y：減少	x：減少，y：増加

この状況を位相図で表すと，図 8.5 のようになる。

図 8.5（答）

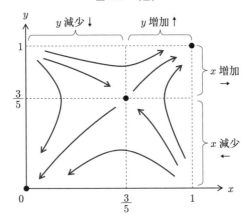

■コメント： 2つの純戦略均衡点 (C, C) と (D, D) を比較してみよう．2人の狩猟者がともにヘラジカ狩りを選べば，ウサギ狩りよりも高い利得を得ることができる．このとき，(C, C) は (D, D) を**利得支配する**という．一方，ヘラジカ狩りを選んだとき，相手がウサギ狩りを選んでしまうと利得は 0 となるリスクがあるが，ウサギ狩りを選べば相手の行動にかかわらず利得 3 を得ることができる．すなわち，ウサギ狩りを選ぶことはヘラジカ狩りよりもリスクの観点からは望ましいと考えることができる．この場合，(D, D) は (C, C) を**リスク支配する**という．

　進化のダイナミクスにおいて，ヘラジカ狩り（C）の比率が増加する領域よりもウサギ狩り（D）の比率が増加する領域のほうが大きいことに注意しよう．すなわち，均衡点 (D, D) のほうが (C, C) よりも実現する可能性が高いと考えられる．このように，進化ゲーム理論による均衡選択とリスク支配との間には密接な関係があることが知られている．

演習 8.4 [タカ-ハト・ゲーム]

2人のプレイヤーがある資源をめぐって対立しており,資源の価値をVとする。プレイヤーの戦略は,相手に対して攻撃的である「タカ戦略(H)」か,対立を避けて平和的である「ハト戦略(D)」のいずれかであるとする。

タカ戦略は相手がハト戦略であれば資源Vを独占することができ,利得はVとなる。一方,ハト戦略の利得は0となる。次に,タカ戦略同士が対戦した場合,お互い傷つくまで戦い,損失Cが発生し,資源は$V-C$に減少する。また,タカ戦略同士が対戦したときには,勝者となって資源を独占できる確率は50%とする。したがって,このときのタカ戦略の期待利得は$\frac{V-C}{2}$となる。また,ハト戦略同士が対戦した場合,損失は発生せず,資源Vを半分ずつ分け合うとする。つまり,利得は$\frac{V}{2}$となる。以上の状況を利得行列で表せば,次のようになる。

	タカ (H)	ハト (D)
タカ (H)	$\frac{V-C}{2}, \frac{V-C}{2}$	$V, 0$
ハト (D)	$0, V$	$\frac{V}{2}, \frac{V}{2}$

(1) $V \geqq C > 0$のとき,タカ戦略Hは進化的に安定であることを示しなさい。

(2) $0 < V < C$のとき,確率$\frac{V}{C}$でタカ戦略Hをとり,確率$1-\frac{V}{C}$でハト戦略Dをとる混合戦略は,進化的に安定であることを示しなさい。

(3) ある集団からランダムに2人のプレイヤーが選ばれて,上記のゲームをプレイすることを繰り返すとする。このゲームの進化のダイナミクスを,位相図を用いて表しなさい。ただし,$V > C$のケースと$0 < V < C$のケースに場合分けしなさい。

■ヒント： (1)（タカ戦略の確率，ハト戦略の確率）によって混合戦略を表すことにする．タカ戦略を確率 1 でとることは $(1,0)$，それ以外の混合戦略は $(q, 1-q)$，$0 \leqq q < 1$ によって表される．$s^* = (1,0)$，$t = (q, 1-q)$ として，s^* が進化的に安定な戦略（ESS）であるための条件を満たすことを確認しなさい．
(2) (1)と同様に $s^* = (p, 1-p)$，ただし，$p = \dfrac{V}{C}$ とし，他の混合戦略を $t = (q, 1-q)$ として，s^* が進化的に安定である条件を満たすことを示しなさい．

■解答： (1) 対戦した 2 人がどちらもタカ戦略，すなわち，確率 1 でタカ戦略をとる．$s^* = (1,0)$ の場合のタカ戦略の期待利得は，

$$u(s^*, s^*) = \frac{V-C}{2}$$

である．相手がタカ戦略 s^* をとり，戦略 $t = (q, 1-q)$ をとる場合の期待利得は，

$$u(t, s^*) = q\frac{V-C}{2}$$

である．$V \geqq C$，$q \geqq 0$ より，$u(s^*, s^*) \geqq u(t, s^*)$ である．一方，相手が戦略 t をとり，戦略 s^* をとる場合の期待利得は，

$$u(s^*, t) = q\frac{V-C}{2} + (1-q)V$$

となり，どちらも戦略 t をとる場合の期待利得は，

$$u(t, t) = q^2 \frac{V-C}{2} + q(1-q)V + (1-q)^2 \frac{V}{2}$$
$$= q\frac{V-C}{2} + (1-q)V - q(1-q)\frac{V-C}{2} - (1-q)^2 \frac{V}{2}$$

となる．$V \geqq C$ であれば，$q(1-q)\frac{V-C}{2} \geqq 0$，かつ，$(1-q)^2 \frac{V}{2} > 0$ であるので，$u(s^*, t) > u(t, t)$ となる．ここで，どんな $\varepsilon > 0$ にたいしても，

$$(1-\varepsilon)u(s^*, s^*) \geqq (1-\varepsilon)u(t, s^*)$$
$$\varepsilon u(s^*, t) > \varepsilon u(t, t)$$

となるので，

$$(1-\varepsilon)u(s^*, s^*) + \varepsilon u(s^*, t) > (1-\varepsilon)u(t, s^*) + \varepsilon u(t, t)$$

が成り立つ．よって，タカ戦略は進化的に安定である．

(2) 確率 $p = \frac{V}{C}$ で H，確率 $1-p$ で D をとる混合戦略を $s^* = (p, 1-p)$ とおく．他の任意の混合戦略を $t = (q, 1-q)$, $q \neq p$ とおく．

このとき自分も相手も s^* をとるときの期待利得は，

$$u(s^*, s^*) = p^2 \frac{V-C}{2} + p(1-p)V + (1-p)^2 \frac{V}{C}$$

となり，自分が t をとり，相手が s^* をとるときの期待利得は，

$$u(t, s^*) = pq\frac{V-C}{2} + q(1-p)V + (1-q)(1-p)\frac{V}{2}$$

となる．ここで，$p = \frac{V}{C}$ であることに注意して，少し計算をすれば，

$$u(s^*, s^*) - u(t, s^*) = (p-q)\left(\frac{V}{C}\frac{V-C}{2} + \frac{C-V}{C}\frac{V}{2}\right)$$
$$= 0$$

が得られる．一方，自分が s^* をとり，相手が t をとるときの期待利得は，

$$u(s^*, t) = pq\frac{V-C}{2} + p(1-q)V + (1-p)(1-q)\frac{V}{2}$$

であり，自分も相手も戦略 t をとるときの期待利得は，

$$u(t, t) = q^2\frac{V-C}{2} + q(1-q)V + (1-q)^2\frac{V}{2}$$

である．ここで，$p = \frac{V}{C}$ を用いれば，

$$u(s^*, t) - u(t, t) = \frac{(V-qC)^2}{2C} > 0$$

が得られる．したがって，s^* はどんな小さな $\varepsilon > 0$ に対しても，

$$(1-\varepsilon)u(s^*, s^*) + \varepsilon u(s^*, t) > (1-\varepsilon)u(t, s^*) + \varepsilon u(t, t)$$

を満たすので，進化的に安定である．

(3) 集団内でタカ戦略を選択しているプレイヤーの比率を x とする．このとき戦略 H の期待利得は，

$$x\frac{V-C}{2} + (1-x)V \tag{8.1}$$

であり，戦略 D の期待利得は，

$$(1-x)\frac{V}{2} \qquad (8.2)$$

である。(8.1) と (8.2) の差を $f(x)$ とおくと，

$$f(x) = x\frac{V-C}{2} + (1-x)\frac{V}{2}$$

となる。$f(x) > 0$ ならばタカ戦略の比率は上昇し，$f(x) < 0$ ならばタカ戦略の比率は減少する。

ここで，$V > C$ のとき，戦略 H は支配戦略であるから，どんな x に対しても，戦略 H の期待利得は戦略 D のそれを上回り，$f(x) > 0$ となる。したがって，利得が大きい戦略 H の比率 x は常に増加する。

一方，$0 < V < C$ であるとき，$x < \frac{V}{C}$ ならば戦略 H の期待利得が戦略 D のそれを上回るので，$f(x) > 0$ となり，x は増加する。また，$x > \frac{V}{C}$ ならば戦略 D の期待利得が戦略 H のそれを上回り，$f(x) < 0$ となり，x は減少する。以上より，位相図はそれぞれ図 8.6 のようになる。

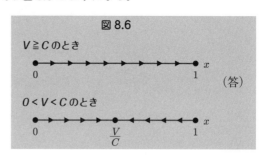

(答)

■**コメント：** (1)で示されたように，$V \geqq C$ であれば，集団内はタカ戦略で占められることが進化的に安定である。このように単一の戦略をとる個体で占められる集団を**単型集団**という。

一方，(2)で示されたように $0 < V < C$ であれば，タカ戦略とハト戦略がそれぞれ $\frac{V}{C}, 1 - \frac{V}{C}$ の比率で共存する状態が進化的に安定である。このように異なる戦略をとる個体が共存する集団を**多型集団**という。

4 練習問題

問題 8.1 [進化的安定戦略の導出*]

以下のゲームで進化的に安定な戦略をそれぞれ求めなさい。

(a)
	H	D
H	0, 0	2, 0
D	0, 2	1, 1

(b)
	H	D
H	−2, −2	2, 0
D	0, 2	1, 1

(c)
	H	D
H	2, 2	0, 0
D	0, 0	1, 1

問題 8.2 [進化的安定戦略とナッシュ均衡点*]

2人対称ゲームにおいて，以下が成り立つことを示しなさい。

(1) 進化的に安定な戦略の組はナッシュ均衡点であることを示しなさい。

(2) 純戦略の組 (s^*, s^*) が強い均衡点であるなら，s^* は進化的に安定な戦略であることを示しなさい。ここで，(s^*, s^*) が強い均衡点であるとは，利得関数を u とすると，すべての戦略 s に対して，

$$u(s^*, s^*) > u(s, s^*) \quad \text{かつ} \quad u(s^*, s^*) > u(s^*, s)$$

が成り立つ場合をいう。

問題 8.3 [非対称タカ-ハト・ゲーム]

次のような 2×2 ゲームを考える。

		集団2	
		タカ (H)	ハト (D)
集団1	タカ (H)	$\frac{V_1-C_1}{2}$, $\frac{V_2-C_2}{2}$	V_1, 0
	ハト (D)	0, V_2	$\frac{V_1}{2}$, $\frac{V_2}{2}$

ただし，$0 < V_i < C_i$ $(i=1,2)$ とする。2つの集団（1と2）からそれぞれランダムに選ばれたプレイヤーがこのゲームを繰り返しプレイする。各集団におけるタカ戦略 (H_1, H_2) の比率をそれぞれ x_1, x_2 とする。(x_1, x_2) の進化のダイナミクスを位相図を用いて表しなさい。

問題 8.4 [売買交渉]

あなたは海外旅行先でお土産を購入するために、ある店に立ち寄った。あなた（買い手）はそのお土産は 2000 円の価値があると思っている。相手（売り手）はそのお土産を作るのに 500 円かかっている。その国ではものを購入する際、価格交渉を行う習慣がある。あなたは相手との交渉が決裂してしまうのを避けて「弱気」な価格を提示するか、交渉決裂の可能性はあっても自分に有利となる「強気」な価格を提案するか、どちらかをとる。相手も同じ状況にある。売り手も買い手も提案できる価格は 1000 円（強気）か 800 円（弱気）のいずれかであるとする。買い手の提案価格 (p_B) が売り手の提案価格 (p_S) 以上の場合、交渉は成立し、価格を $\frac{p_S+p_B}{2}$ として取引を行う。価格 p で交渉が成立した場合の利得は、買い手は $2000-p$、売り手は $p-500$ とする。交渉が成立しなかったときの売り手の利得は -500、買い手の利得は 0 である。

(1) この価格交渉を戦略形ゲームで表現し、純戦略、混合戦略ナッシュ均衡点をそれぞれ求めなさい。

(2) いま、買い手集団と売り手集団があり、それぞれの集団からランダムに選ばれた買い手と売り手のペアが上記の価格交渉ゲームを繰り返しプレイする状況を考える。買い手集団において「弱気」戦略を選ぶ比率を y、売り手集団において「弱気」戦略を選ぶ比率を x とする。買い手と売り手の最適応答を求め、買い手集団と売り手集団における「弱気」戦略の比率の組 (x,y) の変化の様子を位相図を用いて表しなさい。

(3) ナッシュ均衡点が進化的に安定であるかどうかを検討しなさい。

ゲーム理論ワークブック
Game Theory Workbook

2015 年 12 月 10 日　初版第 1 刷発行
2022 年 1 月 30 日　初版第 5 刷発行

監修・著者	岡田			章 (あきら)
	(おか)	(だ)		
著者	加	茂	知	幸
	(か)	(も)	(とも)	(ゆき)
	三	上	和	彦
	(み)	(かみ)	(かず)	(ひこ)
	宮	川	敏	治
	(みや)	(かわ)	(とし)	(じ)
発行者	江	草	貞	治
発行所	株式会社 有 斐 閣			

郵便番号 101-0051
東京都千代田区神田神保町 2-17
http://www.yuhikaku.co.jp/

印刷・大日本法令印刷株式会社／製本・牧製本印刷株式会社
ⓒ2015, Akira Okada, Tomoyuki Kamo,
Kazuhiko Mikami, Toshiji Miyakawa. Printed in Japan
落丁・乱丁本はお取替えいたします。
★定価はカバーに表示してあります。

ISBN 978-4-641-16463-5

JCOPY　本書の無断複写(コピー)は、著作権法上での例外を除き、禁じられています。複写される場合は、そのつど事前に(一社)出版者著作権管理機構(電話03-5244-5088, FAX03-5244-5089, e-mail:info@jcopy.or.jp)の許諾を得てください。

本書のコピー，スキャン，デジタル化等の無断複製は著作権法上での例外を除き禁じられています。本書を代行業者等の第三者に依頼してスキャンやデジタル化することは，たとえ個人や家庭内での利用でも著作権法違反です。